DESPRENDA-SE!

Literare Books
INTERNATIONAL
BRASIL · EUROPA · USA · JAPÃO

Copyright© 2020 by Literare Books International.
Todos os direitos desta edição são reservados
à Literare Books International.

Presidente:
Mauricio Sita

Vice-presidente:
Alessandra Ksenhuck

Capa:
Gabriel Uchima

Diagramação:
Paulo Gallian

Revisão:
Rodrigo Rainho

Diretora de Projetos:
Gleide Santos

Diretora Executiva:
Julyana Rosa

Relacionamento com o cliente:
Claudia Pires

Impressão:
Impressul

Dados Internacionais de Catalogação na Publicação (CIP)
(eDOC BRASIL, Belo Horizonte/MG)

D473   Desprenda-se / Coordenador Mauricio Sita. – São Paulo, SP: Literare Books International, 2020.
14 x 21 cm

ISBN 978-85-9455-275-4

1. Administração. 2. Carreira. 3. Liderança. I. Sita, Mauricio.

CDD 658.4

Elaborado por Maurício Amormino Júnior – CRB6/2422

Literare Books International Ltda
Rua Antônio Augusto Covello, 472 – Vila Mariana – São Paulo, SP.
CEP 01550-060
Fone/fax: (0**11) 2659-0968
site: www.literarebooks.com.br
e-mail: contato@literarebooks.com.br

Sumário

Expansão da consciência com ferramentas de Barras de Access em negócios e constelação sistêmica organizacional..................7
Ana Paula Clemente

Moetê, um processo criativo de autoconhecimento para construir um caminho em sintonia plena com a essência do Ser 15
Catia Tamanini e Gabriela Muniz

Esvaziar-se de si mesmo............................. 23
Daniela Priscila Landi Cerri

Desprenda-se ou prenda-se?...................... 31
Davi Vidigal

Seja indispensável sendo o "número 2".................. 39
Denisclei Oliveira de Amorim

**O que o cerca?
É o que o prende ou o que o liberta?** 47
Elder F. Perez

Relacionamentos: o colorido da vida...................... 55
Eunice Teodora dos Santos Crescêncio

Sonhos 63
Gabriela Brocardo

TFT, uma terapia revolucionária e poderosa para o século XXI................71
Jailton Alexandrino

Terapia holística na prática................79
Karine Briotto

As Barras de Access podem de fato transformar a vida de uma pessoa?................87
Kátia Ferreira

A assertividade que liberta!................95
Larissa dos Santos Prieto Esteves

A liderança que motiva................103
Leandro Subtil

Como definir metas e obter performance na vida................111
Leonardo Gonzaga

Aprendendo a desprender-se................119
Leonice Tenório Barbosa dos Santos

Saúde integrada e espiritual................127
Marcelo Cunha Ribeiro

Reinvente-se, viva a sua melhor versão! 135
Mariana Cristina Simões Avanço

A vida sendo cultivada como ela é 143
Newton Moraes de Paula

**A expansão da consciência
para o avanço da humanidade** 151
Paulo Belon (Purusha Prem Nath)

Reiki Usui, cura e espiritualidade 159
Renata Lameira e Fernanda Afonso

Terapia EMDR: modelo e técnica 167
Rogério Fortunato da Rocha

Uma mente mais aberta 175
Sandra Silva

Despertando seu poder interior 183
Tânia Rainha

Capítulo 1

Expansão da consciência com ferramentas de Barras de Access em negócios e constelação sistêmica organizacional

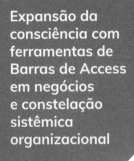

Ana Paula Clemente

As ferramentas escolhidas para o contexto foram utilizadas ao longo dos últimos dez anos em atendimentos a presidentes, diretores, CEOs e executivos de alta gestão para expansão da consciência e clareza do momento atual das organizações, e as soluções foram trazidas à baila com alegria, facilidade e glória, com técnicas fenomenológicas de resolução de conflitos, quebras de crenças limitantes e aumento da produtividade e *performance* de equipes.

Ana Paula Clemente

Mestre em Bioética, empresária, presidente do Instituto Educacional Navegação; CEO da Navega-Ação Educação Executiva e corretora de seguros e previdência. *Master Coach Trainer Internacional na Coach de Bem-Estar By Ana Paula Clemente; Master* em Programação Neurolinguística; Formação em Hipnose Ericksoniana, PNL de 3ª Geração, Barras de Access e *Thetahealing*. Gestora de cursos de pós-graduação *lato sensu* e MBAs nas diversas áreas do conhecimento, em renomadas instituições de educação públicas e privadas. Consultora, *coach* e mentora de executivos em empresas nacionais e multinacionais. *Kid, Teen & Parent Coach*. Fundadora da Comissão de Saúde da OAB-MG, da Comissão de Bioética e Biodireito da OAB-MG e da Câmara Técnica de Bioética do CRMMG.

Contatos
http://www.navega-acao.com.br/
ana@navega-acao.com.br
Telefone: (31) 98317-6678
WhatsApp Business: (31) 98447-6710

Ana Paula Clemente

1 – Infinitas possibilidades e mudança dinâmica

As mudanças pessoais e empresariais são estreitamente dependentes de vários fatores intrínsecos e extrínsecos, aos seres vivos e às organizações, sendo que alguns, considerados básicos e fundamentais, como crenças, cultura, conhecimento, necessidade de inovação para sobrevivência, são pertinentes a ambos – seres vivos e empresas. Mesmo porque as mudanças organizacionais não ocorrem *per se*.

Gestão de Mudança compreende várias etapas, a partir do próprio conceito de mudança, bem como os modelos teóricos e seus desdobramentos segundo alguns estudiosos da Ciência da Administração. Alguns deles, mais usuais no mundo das organizações e que estão no dia a dia dos gestores, são encontrados em livros-texto da área de conhecimento e precisam ser citados, a título de esclarecimento ou quebra de paradigmas, são eles: a mudança é a transição de uma situação para outra diferente ou a passagem de um estado para outro diferente; mudança implica ruptura, transformação, perturbação, interrupção; o mundo atual caracteriza-se por um ambiente dinâmico em constante mudança, que exige das organizações uma elevada capacidade de adaptação como condição básica de sobrevivência.

As mudanças requerem capacidade inovadora, isto é, adaptabilidade, sem, contudo, deixar que as atividades da rotina saiam de controle; perspectiva exata do meio ambiente e conhecimento do meio em que está inserida; integração entre as pessoas e uma boa rede de relacionamentos que garanta a estabilidade nos processos organizacionais. Não obstante, este texto aborda prioritariamente a mesma como premissa básica para o desenvolvimento organizacional. Por outro lado, é fato encontrar formas de resistência às mudanças, tanto pelo lado dos dirigentes, como de seus colaboradores. E, consequentemente, faz-se necessário o emprego de ferramentas eficazes para conduzir o processo de gestão de mudanças. Dentre as ferramentas escolhidas estão as Barras de Access em Negócios e as Constelações Sistêmicas Organizacionais.

Desprenda-se

2 – Desempenho empresarial e mudanças

Alguns indicadores clássicos podem avaliar as necessidades de mudança nas organizações. Listamos, a seguir, alguns deles: rentabilidade, margem líquida, margem de contribuição por tipo de produto, redução de vendas, aumentos excessivos de custo de fabricação, aumento nos custos financeiros, índices de devolução de produtos, índices de endividamento e queda do valor patrimonial. Esses indicadores são mensuráveis e acompanhados pelas empresas. Suas oscilações podem indicar como ela trabalha do ponto de vista externo.

Claro que essa atuação depende de variáveis que estão dentro da empresa e que podem ser derivadas das seguintes situações: estratégias inadequadas ou desatualizadas, deterioração de seus sistemas de informação, estruturas rígidas, desbalanceamento em alocação de pessoas, quedas do poder na liderança, da motivação, do empoderamento, diminuição da qualidade, redução na produtividade, paternalismo excessivo, ausência de avanços tecnológicos e inovação, entre outros.

3 – O capital intelectual, os talentos e a gestão de mudança

Não podemos deixar de falar o quanto é importante, na gestão da mudança, o papel desenvolvido pelos capitais intelectuais e pelos talentos internos presentes nas empresas. Ambos estarão presentes o tempo todo nesse processo, influenciando não somente nas mudanças estruturais, mas também nas mudanças culturais e comportamentais; por isso, são peças determinantes e de elevada importância em tudo o que for proposto. Eles atuarão e agirão de forma direta nas pessoas, focando no desenvolvimento de uma nova postura, visando dinamizar e intensificar as forças internas das pessoas e, assim, garantir o bom desempenho da empresa.

Destacam-se, em sua maioria, por serem pessoas que demonstram possuir algum diferencial a mais dos demais profissionais, tornando-se um valor individual destacável e evidenciando, assim, os seus talentos e características pessoais, que, basicamente, envolvem três aspectos fundamentais: o Conhecimento, a Habilidade e a Atitude (CHA).

4 – Constelação sistêmica organizacional

É a aplicação do método alemão de Bert Hellinger em organizações, uma técnica fenomenológica, de consultoria organizacional sistêmico-dinâmica, que alinha os sistemas dentro das organizações, auxiliando nas tomadas de decisão, gerenciamento de conflitos e maior assertividade nos resultados. As Constelações podem ser aplicadas a praticamente todas as áreas dos negócios, carreira, profissão, assuntos individuais, microempresas, empresas familiares, processos de sucessão. O interessante dessa metodologia é que o cliente fica com uma imagem clara da sua situação atual, da solução possível e do caminho que deve percorrer com vista à solução.

Tudo se desenvolve de forma intuitiva e suave, o que faz com que a solução seja totalmente integrada pelo cliente e de aplicação prática em seu ambiente profissional ou empresarial. Quando ocorre de um grupo empresarial, sócios ou donos de empresas buscarem o referencial da Constelação, os temas que comumente surgem são: análise de constituição de empresas, abertura de filiais, definição de uma estratégia, verificação da coerência da estrutura, preparação de negociações, integração após fusão ou aquisição de empresa, gestão de projetos e metas, estudo de marcas e produtos, empresas familiares e herança, criação ou desenvolvimento de uma nova empresa, gestão de conflitos, analisar o processo de decisão em todas as áreas de negócio, ver os efeitos sistêmicos "interativos" nos diferentes departamentos, processos de recrutamento e seleção, e gestão de pessoas (carreira), ferramenta de supervisão para consultores de empresas, para que melhor possa lidar com o pedido do cliente.

5 – Pilares que sustentam a dinâmica da mudança

Toda empresa que irá promover uma mudança terá que ter, pelo menos, quatro pilares preparados em sua dinâmica organizacional para sustentá-la. São eles: Gestão de Recursos Humanos: figura central, pois tem acesso a todas as pessoas, incluindo terceiros. É por meio das pessoas que transita a parte emocional da empresa, sendo assim, esse pilar é um excelente "ouvidor" do programa de mudanças; Gestão de *Performance*: nesse pilar, residem o planejamento e o acompanhamento dos números da empresa. Deve-se gerar *empowerment*, para que o desempenho possa ser melhor observado; Projetos Multidisciplinares: uma equipe multidisciplinar provoca a "quebra dos feudos" e, dessa forma, a organização fica com sua estrutura mais flexível; Aprendizado Coletivo: a participação em um projeto de mudança aumenta o "capital intelectual" das pessoas e, dessa forma, a organização cresce nos termos do CHA.

Desprenda-se

6 – Benefícios para as organizações

Alguns benefícios usufruídos com o uso dessa técnica pelo nosso time: nova maneira de diagnosticar situações, solucionando-as mais rápida e efetivamente, visão total sobre o sistema, possibilitando um panorama ampliado das situações e sobre o que de fato deve ser focado na busca por soluções, análise da interação entre os elementos do sistema e deste como um todo, possibilitando a ampliação da consciência e da intuição, utilização de pouca informação descritiva e redução da complexidade das questões em pauta, equilíbrio do sistema, testando os efeitos e proporcionando ao cliente *insights* sobre as estratégias a tomar sobre a sua questão, diversas outras possibilidades de aplicação, descobertas desde a primeira utilização do trabalho.

7 – Barras de Access em negócios: escolha parar. Escolha fazer algo diferente

As Barras de Access são 32 pontos energéticos localizados na cabeça, onde estão armazenados os componentes eletromagnéticos de todos os nossos pensamentos, ideias, crenças, emoções, pontos de vista, julgamentos e outras considerações que incluímos em nossa mente em qualquer momento de nossas vidas. Ao fazer sessões de Barras de Access, permitimos que o fluxo de abundância do universo aconteça de forma fácil e com maior potência em nossas vidas. Ao correr suas Barras, você poderá criar uma vida de infinitas possibilidades e escolhas diferentes daquelas que fez até agora. Principais benefícios de se permitir correr as Barras: melhor gerenciamento do tempo, melhoria da relação com sua própria vida e corpo (saúde, peso, ansiedade, estresse), maior qualidade do sono, expansão da consciência, mais liberdade e possibilidades de escolha, além do bem-estar proporcionado durante a sessão.

Access pode ser descrito como uma modalidade de transformação de energia que reúne sabedoria, conhecimentos da antiguidade e ferramentas pragmáticas extremamente contemporâneas para a mudança. Seu objetivo é criar a possibilidade de existir um mundo de consciência e unidade. Como um manual de mudanças, só precisa lê-lo e ter disposição para mudar. Apenas a disposição. Você não precisa saber como a mudança vai ocorrer. O "como" depende do universo. Use as ferramentas e deixe que o universo trabalhe para você. Como resultado dessa simples escolha, você vai atravessar sua vida, vai escolher alguma coisa baseado no antigo paradigma e, tomando consciência disso, esse vai ser o início da liberdade para você. A liberdade de escolher alguma coisa completamente diferente. Escolha nunca é final. Escolha é um processo contínuo.

O quanto somos ensinados que se obtivermos a fórmula "certa" para fazer negócios com certeza teremos sucesso? E com que frequência isso funciona? E se os negócios não forem sobre seguir um caminho que outra pessoa traçou, ou mesmo encontrar a decisão e conclusão que obterão o resultado desejado, mas e se descobrirmos o que funciona para você e o que sua empresa exige? Veja, negócios são realmente uma questão de sobrevivência. Vai muito além de fazer um trabalho, abrir uma empresa, trabalhar com ou para alguém: é uma maneira pragmática de estar e funcionar no mundo que permite expandir todas as áreas da sua vida, incluindo seu dinheiro, e para que cresça facilmente com a contribuição que deseja e receba.

Todos os projetos têm uma força de energia e vida própria, e reconhecer e permitir isso pode permitir que eles se tornem muito maiores do que qualquer coisa que você possa imaginar. O que você realmente quer fazer é perguntar: o que mais pode ser feito? O que poderia ser mudado? O que criaria algo maior? Você precisa continuar olhando o que ainda não escolheu, isso é realmente possível e é aí que os negócios se tornam uma possibilidade maior de viver.

8 – Considerações para continuar a expansão da consciência

Se aceitarmos a mudança como vida e não como morte? A gestão de mudanças é considerada a base de todos os processos da vida pessoal e profissional, despertando a necessidade de flexibilização de cada ser, no sentido de acompanhar as mudanças comportamentais que são afetadas no cotidiano pelo avanço tecnológico e inovação. Quando se trata então de vida profissional, as mudanças podem interferir desde o desenvolvimento pleno de uma equipe até mesmo o contrário, o estancamento de processos, levando a empresa a um consequente estado de perda de produtividade.

No processo de mudança empresarial, alguns indivíduos aderem de imediato às mudanças, outros resistem de forma aberta ou velada, é necessária a verificação da existência de conflitos funcionais, o que dificulta o desenvolvimento empresarial.

Desprenda-se

De fato, o termo desenvolvimento empresarial engloba uma série de intervenções de mudança planejada, com base em valores humanísticos e democráticos que buscam simultaneamente a eficácia organizacional e o bem-estar dos funcionários. E é, exatamente, por causa desses valores que impulsionam uma empresa/organização ao desenvolvimento que pesquisadores da área de administração vêm estudando a espiritualidade nas empresas.

Era como se as pessoas não possuíssem as ferramentas para realizar as verdadeiras mudanças em sua vida. Essas ferramentas são extremamente contemporâneas e pragmáticas para a mudança e trazem a espiritualidade nas organizações como um facilitador de mudanças dinâmicas e sustentáveis. Você pode apenas facilitar a mudança para alguém que está disposto a mudar. Pare de tentar facilitar as mudanças de pessoas que simplesmente não querem mudar. É a sua capacidade de escolher e criar a mudança. E se o ponto de partida para qualquer pessoa que quisesse mudar fossem as perguntas?

Premissas de resultados extraordinários e uso da técnica fenomenológica confirmam a influência do equilíbrio entre o dar e o receber; a necessidade de pertencer; a existência de uma hierarquia no sistema. Como indivíduos, pertencemos a um sistema vivo que determina nossos papéis, responsabilidades, troca de relacionamentos, atuação e respostas. Todo o processo se baseia no equilíbrio do amor, portanto, todo problema ou dificuldade é resultado desse equilíbrio.

Referências

GROCHOWIAK, Klaus. *Constelações organizacionais: consultoria organizacional: sistêmico dinâmica*. Tradução de Susanna Berhorn. São Paulo: Cultrix, 2007.

HEER, Dain. *Sendo você, mudando o mundo (Agora é a hora?)*. 2.ed. Access Consciousness Publishing, 2015.

Capítulo 2

Moetê, um processo criativo de autoconhecimento para construir um caminho em sintonia plena com a essência do Ser

Catia Tamanini e Gabriela Muniz

Moetê é uma palavra tupi-guarani que significa honrar, legitimar, louvar. Esta é a nossa proposta: *honramos* o passado e as escolhas que fizemos, *legitimamos* o nosso direito de rever essas escolhas e de acrescentar outras e, finalmente, *louvamos* e celebramos o novo caminho, construído a partir de uma força criativa que nasce de um Eu mais verdadeiro.

Desprenda-se

Catia Tamanini

Terapeuta floral e naturopata, *coach* transpessoal pela Academia de Coaching Integrativo e pela ALUBRAT – Associação Luso-Brasileira de Transpessoal; cofundadora da Ayni Desenvolvimento Humano e Organizacional. Empresária da área de tecnologia, Técnica em Processamento de Dados, Graduada em Administração. Formações em cursos livres nas áreas de comunicação, atendimento, *marketing* de serviços, oratória; curso de gestão de pessoas pela ESPM.

Gabriela Muniz

Consultora, palestrante, especialista em Comunicação Empresarial pela ESPM e *coach* transpessoal pela Academia de Coaching Integrativo e pela ALUBRAT – Associação-Luso Brasileira de Transpessoal; facilitadora de *Design Thinking* pela LiveWork – ESPM, e curso de Gestão de Mudanças pela Change Quest Brasil, empresa certificada da Change Management Foundation. Sócia-fundadora da Ayni Desenvolvimento Humano e Organizacional e idealizadora do *Moetê*, processo criativo de autoconhecimento.

Contatos

Ayni Desenvolvimento Humano e Organizacional
Consultoria de Desenvolvimento e Bem-estar que trabalha inspirando e estimulando pessoas e organizações a atingirem todo o seu potencial.

www.aynidesenvolvimento.com.br
gabriela@aynidesenvolvimento.com.br
catia@aynidesenvolvimento.com.br
(19) 99195-7878
(11) 99622-5966

O caminho

Gostamos de começar a reflexão lançando logo de cara uma pergunta básica: onde estamos? Sim, essa é primeira pergunta. O início de tudo. Saber qual é o cenário onde nos encontramos, como chegamos até aqui, quem nos acompanhou nessa caminhada. Detectar os possíveis atalhos que fomos obrigados a tomar e, principalmente, se o caminho que escolhemos há um tempo ainda faz algum sentido para nós hoje.

As respostas que recebemos na maioria dos nossos atendimentos e nos grupos em que participamos nos levam a acreditar que convivemos na atualidade com um sério dilema social. Estamos nos referindo aos fatos que as pesquisas retratam com exatidão: nunca houve tantos registros de suicídios, pessoas dependentes de drogas para combater a ansiedade e a depressão ou indivíduos vítimas da Síndrome do Pânico como hoje. Nossa sociedade está doente. Para tentar entender por que isso acontece, é necessário fazer uma pausa pessoal e lançar um olhar para o caminho. É imprescindível responder à pergunta do início do texto e a outras como: o que construímos até agora? Que rumo é esse?

De alguma maneira, em menor ou maior grau, todos nós acabamos por sentir em algum momento das nossas vidas que estamos nos afastando do nosso caminho original ou que ele já não faz sentido algum. Se considerarmos a vida como um processo dinâmico, está tudo bem que o caminho vá se modificando à medida que evoluímos e adquirimos mais experiências. Porém, não é esse o caminho a que nos referimos aqui. A questão que levantamos diz respeito à nossa identidade, à nossa essência, à nossa verdade, à parte mais honesta de nós mesmos, que acumula, aglutina e acolhe nossas sombras e nossa luz. O caminho do meu Eu mais autêntico, de onde deveriam surgir natural e levemente todas as escolhas. Em seu lugar, acabamos trilhando um caminho confuso, árduo, dissociado, fora da nossa ordem natural, e totalmente galgado em certas regras que dominam nosso comportamento. Essas regras, ou crenças, foram apreendidas, assimiladas,

Desprenda-se

absorvidas devagar, mais consistentemente em nossa primeira infância, nos cenários familiares, nos bancos escolares, nos encontros sociais. Elas vêm de fora e acabam fazendo morada na nossa mente. Um dia, sem perceber, elas assumem o comando e desenham o caminho. Dia a dia, resposta por resposta, comportamento por comportamento, escolha por escolha.

E assim nos afastamos da nossa verdade ou do nosso rumo e vagamos pela vida, andando por caminhos onde não nos reconhecemos. A boa notícia é que sempre é possível voltar à rota original e fazer as pazes com a nossa essência. É sempre possível abraçar nossa identidade e andar de mãos dadas com ela, sentindo um orgulho imenso dentro de nós. A tarefa não é simples e exige coragem porque, acredite, vai doer! Mas o resultado é libertador e compensa cada minuto dedicado ao trabalho do autoamor.

O criar

Já descobrimos – fazendo as perguntas certas – do que se trata o caminho e por que é tão importante empreender uma jornada honesta, íntima e sincera para poder nos aproximar novamente dele e, assim, servir como guia, como luz do farol, uma direção verdadeira a ser seguida.

A pergunta agora é: o que é necessário para construir esse novo caminho? Para desenhar um novo rumo teremos que apelar à nossa condição humana com toda a complexidade que o termo traz. Mas qual seria a condição humana que realmente me define como membro da espécie, em detrimento de todas as outras? Seria talvez a nossa capacidade de explorar os nossos sentidos? Sim, com certeza, porém um passarinho que permanece embaixo da chuva certamente estará sentindo seu frescor. Quem sabe trata-se da capacidade de nos emocionarmos? Bem, talvez emoções sofisticadas como a nostalgia e o remorso sejam exclusividades nossas, mas todos os felizes donos de alegres e fiéis cães concordarão (e as pesquisas provam) que eles são capazes de sentir e expressar emoções.

Na nossa opinião, a criatividade é o grande diferencial humano. A natureza nos brinda com milhares de exemplos em que as espécies evoluíram, pois precisaram se adaptar. Criaram mecanismos de sobrevivência que garantiram a sua perpetuação. Nós também utilizamos a criatividade para adotar milhões de comportamentos de sobreviventes. Esse tipo de criatividade ainda não é exclusividade humana. A criatividade a que nos referimos nesse estudo é aquela baseada na convicção de Abraham Maslow de que o ser humano tem por necessidade intrínseca a busca pela transcendência, por ir além do *status quo*, pela sua realização plena. E é aqui que concentramos nossos esforços e focamos nosso processo. É por acreditar que "o criar", que transmuta e que transforma, carrega consigo a mais pura condição humana. Gostamos do termo também porque ele remete a experimentar, a pôr a mão na massa, ao fazer criativo. Isso, por si só, já nos tira do ostracismo e nos coloca em outro patamar, agora sim, protagonista. Uma e outra vez, num ciclo constante de recriação.

Um olhar integral

A próxima pergunta: como iremos conseguir recriar o novo e verdadeiro caminho, aquele que nos aproxime mais da nossa essência e nos deixe mais completos e felizes com nossas escolhas?

Para formatar o *Moetê*, lançamos mão de diversas metodologias e reunimos teorias que faziam sentido para nós, nessa nossa busca pela real humanidade.

Assim, além do já citado Maslow e sua convicção da necessidade natural de transcendência, acolhemos também a Teoria Integral de Ken Wilber[1]. Ela nos convida a olhar para cada situação desde o ponto de vista Individual x Coletivo e Interior X Exterior, formando os Quadrantes, uma parte importante da sua teoria.

Também acolhemos os ensinamentos do *Coaching* Integrativo e da Abordagem Transpessoal, que incluem Razão, Emoção, Intuição e Sensação. Em todos esses conceitos, está presente a tônica de que queremos o olhar do indivíduo completo, íntegro e integrado, com as suas experiências, suas dores, seus talentos e valores, mas também com a sua alma, suas emoções, sua intuição e sua espiritualidade. Só a união harmônica desse conjunto humano poderá acessar o poder criativo necessário para mudar a bússola do seu destino.

O processo

O que propomos é um mergulho no autoconhecimento e no autoamor para resgatar o poder divino que há em todo ser humano, e dele extrair a força criativa para a ação.

---

[1] Ken Wilber, pensador norte-americano criador da Psicologia Integral.

Desprenda-se

O *Moetê* é um processo de cinco fases bem definidas:

- Reconhecimento – Nessa fase, visitamos nossa biografia, tocamos as feridas das experiências dolorosas e o êxtase das mais felizes. Nos olhamos como indivíduos e percebemos como somos olhados. Enfrentamos nossas fraquezas, debilidades e limitações. Olhamos para a dificuldade em lidar com determinado assunto, o desconforto provocado por uma situação, a crise pela que estamos atravessando ou o problema que causa ansiedade. Tudo para chegar à condição humilde de reconhecer o cenário e nossa localização dentro dele: o quão longe do rumo verdadeiro nos encontramos.

- Reapropriação – É hora de apelar para a coragem, de se entregar ao processo de cura, de deixar o controle de lado e simplesmente praticar a aceitação. Olhamos com amor para o caminho percorrido, honramos as escolhas que fizemos e os recursos que usamos, porque eram os que tínhamos disponíveis. Praticamos o perdão a nós mesmos e aos outros. Revisitamos aqui nossos talentos e valores para nos apropriarmos do nosso verdadeiro e divino poder.

- Reestruturação – Com esse poder criativo, reconstruímos as bases, redesenhamos os alicerces: adotamos uma nova estrutura, mais plena, mais autêntica e mais próxima da nossa verdade. Já reconhecemos o cenário e sabemos como chegamos ao ponto em que nos encontramos. Já acessamos o nosso próprio poder. Agora, abandonamos as antigas regras e escrevemos as novas, que modificarão nossos comportamentos. Elas nos acompanharão na caminhada, para nos apoiar a cada recaída.

- Reafirmação – É o momento em que nos posicionamos para o mundo. Repetimos e reafirmamos o nosso propósito de vida. Declaramos com clareza para que viemos e para onde vamos. É o desenho do novo rumo. É o grito da Verdade!

- Reconstrução – Se já temos o mapa do novo caminho, a hora é de iniciar a sua construção. Hora de planejar e de estabelecer metas. Porém, bem mais importante do que isso é manter aceso o poder do fazer criativo dentro de nós: será ele que saberá descobrir os meios, escolher as estratégias, inventar as soluções que só serão válidas para cada um de nós individualmente, porque elas agora trazem a nossa marca, a nossa identidade.

O andar

Percorremos as cinco fases dentro do ritmo inerente a cada processo, com profundo respeito às características de cada participante ou do grupo. De maneira geral, podemos dizer que utilizamos uma base de doze sessões, cada uma delas com aproximadamente duas horas de duração e uma periodicidade semanal.

Os recursos utilizados passeiam por jogos, conversas, exercícios, dinâmicas, meditações e, principalmente, manifestações artísticas, porque acreditamos que é na arte que nossa criatividade encontra a liberdade de se expressar e, assim, nos reconhecemos e nos redescobrimos.

O *Moetê* não é um documento estático e autenticado, não é um treinamento. Também não se trata de um plano definido e testado. Não é um programa que aplicamos e aprovamos. Ele é um processo criativo de autoconhecimento e autoamor, um amigo que pode nos ajudar a encontrar o que nossa alma já sabe, mas que por algum motivo esqueceu no meio do caminho. Como um verdadeiro amigo, ele é acolhedor e permissivo, ele nos permite errar e recomeçar de qualquer ponto. Ele nos aceita como somos e nos encoraja a simplesmente viver a vida que escolhemos.

Referências

ALVES, Flora. *Design instrucional com uso de Canvas*. Editora DVS, 2016.

ARCURI, Irene Gaeta. *Arteterapia: um novo campo do conhecimento*. Editora Vetor, 2006.

BROWN, Tim. *Design Thinking: uma metodologia poderosa para decretar o fim das velhas ideias*. Editora Elsevier, 2010.

FADIMAN, James e FRAGER, Robert. *Teorias da personalidade*. Editora Harbra, 1986.

GOLEMAN, Daniel. *O cérebro e a inteligência emocional: novas perspectivas*. Editora Objetiva, 2012.

KOFMAN, Fredy. *Metamanagement: o sucesso além do sucesso*. Editora Elsevier.

PINHEIRO, Tennyson; ALT, Luis. *Design Thinking Brasil. Empatia, colaboração e experimentação para pessoas, negócios e sociedade*. Editora Elsevier, 2011.

ROSENBERG, Marshall B. *Comunicação não violenta: técnicas para aprimorar relacionamentos pessoais e profissionais*. Editora Ágora, 2006.

SALDANHA, Vera. *Psicologia transpessoal: abordagem integrativa. Um conhecimento emergente em Psicologia da Consciência*. Editora Unijuí, 2008.

STONE, Joshua David. *Psicologia da alma: chaves para a ascensão*. Editora Pensamento.

Desprenda-se

TOYAMA, Rebeca; ACCIARI, Arlete Silva. *Coaching integrativo: uma abordagem transpessoal.*

WILBER, Ken. *A visão integral: uma introdução à revolucionária abordagem integral.* Editora Cultrix.

Capítulo 3

Esvaziar-se de si mesmo

Daniela Priscila Landi Cerri

Esvaziar-se de si mesmo. Tudo muda o tempo todo. O ser está dentro desse contexto. Cada um de nós tem se permitido mudar ou apenas seguir ideias e conceitos criados em tempos idos, em nada parecidos com o que experimentamos hoje? Há práticas terapêuticas que possibilitam ao indivíduo transformar-se em sua melhor versão, na intenção individual de viver mais e melhor, consigo e com o outro.

Daniela Priscila Landi Cerri

Administradora, em transição de carreira, formada em Processos Gerenciais pela Universidade Anhembi Morumbi, naturista, acredita que a maior religião é o amor e que todas as experiências que o ser humano vivencia são necessárias à sua transformação e evolução. Tem se dedicado a compreender melhor terapias, técnicas e ferramentas de cura (como Reiki, Thetahealing®, Constelações Familiares, Programação Neurolinguística, comunicação não violenta, danças e processos circulares, meditação ativa) para explorar positivamente os muitos caminhos que conduzem o indivíduo a apropriar-se de seus dons e talentos. O ano de 2019 foi um encerramento de ciclo maravilhoso e, em 2020, iniciará novos projetos profissionais em consonância com seus propósitos e valores. O principal: contribuir para a ampliação do bem comum.

Contatos
danielalandi@uol.com.br
Instagram: dani_pri_
Facebook: danielapriscila.landicerri

Na história da humanidade, observamos que o ser humano sempre foi incentivado ao conhecimento e à transformação de si mesmo. As religiões tiveram e ainda têm papel importante nesse sentido.

A filosofia e a ciência também, ao propor novas reflexões sobre o comportamento humano em relação ao todo.

As artes, com o natural incentivo à contemplação do belo e das mais diversas formas de materialização do pensamento e dos sentimentos que cada ser encerra em si.

As práticas psicoterapêuticas também ganharam força; ao proporcionar a introdução de técnicas e práticas que reproduzem em seus tratamentos movimentos do ser na direção de si mesmo pela auto-observação e pelo autodesenvolvimento, possibilitam grandes transformações quando há um interesse genuíno em melhorar-se.

Em todas as religiões identifica-se a mesma mensagem: de que o amor é o sentimento capaz de nos levar ao melhor de nós mesmos.

Não o amor que segrega, aprisiona ou pune.

Mas o amor que liberta e proporciona a quem ama e a quem é amado uma sensação de plenitude, de comunhão com o outro e com o todo.

Por meio de muitas linguagens, diferentes e adaptadas ao conhecimento de cada ser (e do espaço e tempo em que foram introduzidas às sociedades), a mensagem vem sendo replicada de maneira ostensiva.

Contudo, para compreender melhor tal mensagem, faz-se necessário despregar os olhos de si mesmo; ampliar o olhar e perceber o que está além de nossos conceitos de bem e mal, certo e errado, justo e injusto que cada um estruturou dentro de si mesmo.

É preciso perceber que estamos prontos para refinar o nosso entendimento, para que possamos deixar velhos hábitos e comportamentos e iniciar uma jornada rumo ao melhor que podemos ser, nos apropriando das nossas virtudes e sendo diligentes com nossas fraquezas.

Mas como lidar com tantas diferenças num mundo onde há tanta informação? Saltam aos nossos olhos as desigualdades, a discordância e o desequilíbrio – do homem, individualmente, e de sua interação com o meio ambiente que o cerca.

A espiritualidade

Espiritualidade é diferente de religiosidade.

A religiosidade está relacionada à identificação do indivíduo com instituições religiosas estruturadas, suas ideias e práticas doutrinárias.

A espiritualidade é um despertar para um estado de coisas além da matéria. Pode ser identificada por um chamado interior às descobertas até então desconhecidas pelo indivíduo – embora essas estejam presentes no universo desde sempre.

Ao permitir-se aprender e desenvolver sua compreensão de maneira livre de preconceitos, dogmas e ideias estruturadas por ele mesmo, o indivíduo entra num processo de transformação consciente que altera todo o seu sistema. Uma atitude importante para que a transformação seja positiva é buscar referências fora de si e conciliar com os recursos do próprio pensamento crítico. Não no sentido de descaracterizar a informação obtida, mas sim com o intuito de desenvolver a própria razão e, dessa forma, reavaliar suas crenças e padrões de comportamento – em relação a si e ao todo.

Pode-se considerar que atender a esse chamado interno à espiritualidade talvez revele ao indivíduo um mundo de infinitas possibilidades que irão proporcionar a ele explorar novos caminhos, ao permitir-se ter acesso a novos e importantes conhecimentos contidos nas mais diversas técnicas, terapias e ferramentas disponíveis para a transformação do ser ao que de melhor ele pode se tornar.

A mente

Ao contrário do que muitos pensam, a mente humana não é o cérebro humano.

O cérebro é nosso "computador", a parte física, órgão anatômico visível se pesquisado.

A mente é o que nos liga ao divino, é imaterial e está associada ao pensar e ao sentir.

O cérebro capta as vibrações emitidas pela mente – assim como todos os órgãos do corpo e as células que o compõem – e cria sinapses de acordo com a vibração produzida.

Isso pode ser comprovado por cada um de nós.

Façamos um exercício:

Pense numa experiência, num lugar, numa imagem ou em uma pessoa que reconhecidamente traga memórias negativas. Observe, perceba o que isso causa no seu corpo. Faça isso por dois minutos.

Agora, pense numa experiência, num lugar, numa imagem ou em uma pessoa que reconhecidamente traga boas memórias. Observe, perceba o que isso provoca no seu corpo. Faça isso por dois minutos.

Após experimentar essas sensações, reflita quais são os arquivos que deseja manter. Hoje, com todas as técnicas, terapias e ferramentas disponíveis, o homem pode reprogramar suas memórias, ressignificar experiências. Parece incrível, não? E é!

A viagem para dentro de si mesmo requer muita coragem. Coragem para perceber aspectos do Eu que interferem positivamente ou negativamente no comportamento do indivíduo. A auto-observação é a característica principal do autodesenvolvimento, pois possibilita ao indivíduo refletir sobre "o que sou"? O que desejo ser e aonde quero chegar? Meus pensamentos, sentimentos, comunicação e ações estão em conformidade com aquilo que quero ser? Assumir aspectos negativos de nossa personalidade não nos deprecia. Ao contrário, nos coloca conscientemente diante de nós mesmos e nos dá autonomia para manter ou transformar o que é preciso dentro de nós para sermos a melhor versão de nós mesmos.

O autogerenciamento, no sentido de se manter alerta aos próprios pensamentos e sentimentos, que afloram a todo tempo, considerando os ambientes disruptivos aos quais podemos estar expostos, pode e deve ser desenvolvido pelo indivíduo com o objetivo de evitar repetir padrões de comportamento que geram prejuízos a si mesmo, ao outro e ao todo, direta ou indiretamente.

Desde que o indivíduo esteja disposto a curar-se e que confie que isso é possível (sim, essa intenção, esse primeiro passo, é pessoal e intransferível) com apoio profissional, tecnicamente habilitado a conduzi-lo nessa jornada, isso naturalmente irá acontecer e ele poderá perceber que é responsável pelo que cria, ignora e transforma, em si mesmo, e como isso reverbera no todo.

Psicoterapia

A palavra *psicoterapia* (do grego *psykhē* - mente, e *therapeuein* – curar) ainda hoje produz estranhamento entre as pessoas. Contudo, trata-se de uma poderosa ferramenta de desenvolvimento do ser, ao colocá-lo frente a frente com seu sentir e seu pensar.

Desprenda-se

Um dos efeitos, muito importante no processo da psicoterapia, é o "ouvir-se".

A conexão entre o psicoterapeuta e o indivíduo é essencial nesse processo. Por conexão entenda-se um estado de simpatia e empatia entre ambos, que viabilize uma relação onde estão implícitos confiança e entendimento mútuos.

Uma técnica utilizada dentro desse contexto (aplicada não apenas à psicoterapia, mas também a outras práticas terapêuticas), que consiste em estabelecer uma relação genuína entre as partes, é o *Rapport* – do francês *Rapporter*, que em tradução livre significa "trazer de volta".

A psicoterapia possibilita ao indivíduo realizar reflexões profundas sobre si mesmo uma vez que, incentivado à introspecção, capta as origens internas de um determinado estado de coisas, sensações, sentimentos e pensamentos – o chamado *insight*, e a partir desse processo pode perceber-se protagonista de sua história.

Esse processo é inerente ao ser. Contudo, em alguns casos e/ou em determinados momentos da vida, o incentivo externo é necessário para que as "sinapses" sejam percebidas e incorporadas ao comportamento do indivíduo.

Num contexto que sugere a busca individual pela espiritualidade, são latentes e comuns ao homem questões existenciais como:

- Quem eu sou?
- De onde vim?
- Para onde vou quando não mais existir meu corpo físico?
- Qual é o sentido da vida?

Essas, entre outras tantas, pululam na mente e na alma humana, causando em determinados momentos, além de curiosidade, angústias. E seja incentivado por uma ou por outra (ou ainda por ambas ou por um outro impulso), o ser humano mais cedo ou mais tarde torna-se um buscador de respostas.

Talvez, em alguns momentos, as respostas que encontra estejam relacionadas a sua própria definição inconsciente de todas as questões existenciais que carrega.

Ou talvez, quando se proponha verdadeiramente a explorar as infinitas possibilidades que existem para cada uma dessas questões, munido de uma vontade genuína de ampliar seu conhecimento e seu entendimento, ele se depare com respostas distantes de sua visão, justamente para trazer à tona novas e importantes reflexões sobre ele e sobre o mundo em que está inserido.

Considerando a teoria da evolução, fundamentada na ideia do desenvolvimento das espécies que habitaram e que habitam o planeta, observamos que as espécies atuais descendem de outras espécies que sofreram modificações ao longo do tempo e transmitiram novas características aos seus descendentes.

Dessa forma, podemos refletir que o processo de evolução é inerente à condição humana.

De uma forma ou de outra, seremos impelidos a isso.

Para auxiliar o homem nesse processo, novas técnicas têm sido apresentadas e inseridas na sociedade com o objetivo de que o indivíduo obtenha por ele mesmo o conhecimento e a cura para os males que o afligem, sejam esses físicos, emocionais ou psicológicos.

Nesse sentido, de tratar o ser como um todo, as Práticas Integrativas e Complementares beneficiam a sociedade e, aos poucos, ganham mais espaço. Os tratamentos que são oferecidos em clínicas particulares e também pelo SUS (Sistema Único de Saúde), que criou a Política Nacional de Práticas Integrativas e Complementares em Saúde (PNPIC) são conduzidos de forma a entender e tratar a fonte do desequilíbrio orgânico do paciente e auxiliá-lo no processo de conscientização de si mesmo, e não apenas exaltando a doença em si. Tais práticas integrativas, como por exemplo a meditação, ioga, bioenergética, fitoterapia, homeopatia, florais e cromoterapia favorecem o encontro do indivíduo com ele mesmo e evidenciam a integração dele com o todo.

Exemplos de técnicas, terapias e ferramentas que podem ser exploradas para trazer à tona o melhor de si mesmo.

A programação neurolinguística (Programação - remodelagem; neuro - sistema nervoso; linguística - usando a linguagem) é uma excelente ferramenta para o diagnóstico de crenças limitantes pois, entre muitas abordagens positivas contidas nessa técnica criada na década de 1970 e ainda pouco utilizada em nossa sociedade (deveria ser aprendida no ensino básico), por meio de técnicas específicas e fundamentadas na neurociência e na psicologia, induz o indivíduo ao exame de si mesmo permitindo a ele ressignificar suas experiências, criando um novo arquivo de crenças – as "possibilitantes".

O ThetaHealing®, por meio de ondas cerebrais específicas (estado Tetha), acessadas por meio de um processo meditativo, se revela como uma técnica de cura definitiva do ser. Vianna Stibal, fundadora do ThetaHealing®, afirma: "Tenho convicção de que o ThetaHealing® não serve apenas para liberar doenças; é também um caminho para a humanidade se comunicar com o Criador de Tudo O Que É".

Desprenda-se

A meditação é uma prática milenar de auto-observação consciente, que induz ao estado de atenção plena do Ser no momento presente; o conecta com sua essência, o "Eu Superior" ou Centelha Divina. É por vezes mal interpretada quando se subentende que para meditar é preciso esvaziar a mente de pensamentos. Com o desenvolvimento da prática pelo indivíduo, é possível que gradualmente isso aconteça. Contudo, os pensamentos não impedem a meditação, ao contrário, permite que o indivíduo perceba-se por meio dos pensamentos que chegam no momento da meditação e, com isso, que ele reconheça sentimentos e estados internos que estabelecem seu padrão de comportamento. Temos na meditação, além dos efeitos orgânicos que ocorrem com as mudanças de comportamento do ser, uma ferramenta incrível de autoconhecimento e autodesenvolvimento.

As Constelações Familiares, método psicoterapêutico desenvolvido nos anos 80 pelo psicoterapeuta alemão Bert Hellinger, fundamentada na ideia de que há um inconsciente familiar – além do inconsciente individual e do inconsciente coletivo – atuando em cada membro de uma família, incentiva a tomada de consciência do indivíduo a partir do entendimento de que os que o antecederam fizeram o melhor que puderam considerando os recursos que dispunham e são incentivados, entre outros aspectos que estão envolvidos no método, a ter gratidão e compaixão tanto por seus ascendentes como por seus descendentes.

O Ho'oponopono é um método havaiano (que pode ser considerado quântico) que em sua origem representa: Aceito, Entrego, Confio, Agradeço. Há uma grande sabedoria nessas palavras que, associadas, elevam o ser a um estado novo de entendimento e resignação, não distante da confiança plena de que tudo está sob um Comando Maior que tudo cria em prol do bem comum. Ao mentalizar essas palavras, o indivíduo entra num processo de gratidão, compaixão e libertação de um padrão de julgamentos que o libera de um estado de angústia e favorece a aceitação da vida, como ela se apresenta.

Capítulo 4

Desprenda-se ou prenda-se?

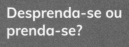

Davi Vidigal

Já parou para pensar que o contrário de "desprender" é apego, ambição, cobiça, egoísmo, ganância?

Davi Vidigal

Palestrante comportamental, com formação acadêmica em Medicina pela FEMPAR em 1991, especialização em psiquiatria e dependências químicas. Construiu seu próprio hospital psiquiátrico em Santa Catarina com o objetivo de oferecer uma estrutura humanizada a seus pacientes, local de saúde que anualmente recebe prêmios pela qualidade em serviço prestada. Serviu a Força Aérea Brasileira e, como oficial da aeronáutica, iniciou seu trabalho como orientador comportamental por meio de palestras, escreveu seu primeiro livro *Viva você sem peixes no muro*, para ser utilizado como um guia de mudança comportamental e somar no tratamento farmacoterápico. Casado com Sara, pai de Atos, tem um companheiro de 4 patas chamado Butão, o cão da família, vive há 5 anos como nômade em um *motorhome* pesquisando sobre felicidade pelo Brasil, dessas pesquisa destaca-se aquela que revela que estar com quem gosta, não ter dívidas e ter um trabalho são os pontos em comum de pessoas felizes.

Contatos
www.vivavoce.com.br
Instagram: davividigal
(47) 99705-8000

Davi Vidigal

Enchentes em Santa Catarina, 1992, cidade de Três Barras. Eu! Um jovem médico enfrentando meu primeiro trabalho, havia aprendido na faculdade sobre doenças e tratamentos, mas ali me deparo com seres humanos sofrendo por suas casas estarem debaixo d'água, percebo a dor e a angústia causada não por um vírus, bactéria e ou trauma, os contratempos que a vida nos apresenta foram os agentes causadores dos meus pacientes. Mas e agora! Como posso tratar? Não são de medicamentos que estão necessitando, o remédio que precisam para curar não está em farmácias.

Não aprendi sobre pessoas nem sobre emoções na faculdade, foi um choque de realidade em meus primeiros atendimentos, não conseguia ver patologia nas queixas – quando me falavam de suas dores, via em suas lágrimas todo o desespero e sofrimento em decorrência daquelas águas.

Comecei a perceber também que o que entorpece e faz rir em casa e nos bares de quase todos não era uma bebida dita legal, apesar de ser considerada legal assim como o tabaco, estou agora falando do álcool, da ilustre cerveja que ainda insiste em nos contaminar nas propagandas. Elas induzem a isso, afinal de contas nunca vi uma propaganda com pessoas vomitando devido à cirrose, batendo na mulher quando chegam em casa embriagadas, no acidente de trânsito onde os alcoolizados assassinam toda uma família.

Minha cabeça de jovem médico levou-me a repensar a Medicina, já que meus pacientes não estavam de fato doentes, a psiquiatria, que é minha especialidade, está longe de querer curar pessoas, não por falta de vontade, mas por cegueira intelectual, nós nos tornamos distribuidores de drogas legais, de medicamentos que estão nas farmácias para enriquecer ainda mais a bilionária indústria farmacêutica.

No século passado, a bizarra história da psiquiatria tratava os doentes ditos mentais acorrentando-os, mutilando-os e tudo mais que você possa ter visto em um filme de terror – hoje as correntes são químicas.

Desprenda-se

Vendo esse cenário de destruição, vendo entre aspas a pandemia da depressão diante dos meus olhos, vendo que a cachaça habitava os corpos quase que diariamente dos meus pacientes e os conflitos emocionais reagentes desses desencontros fizeram desprender-me da Medicina que aprendi a medicar e rever o que é tratamento de verdade, estamos sim medicando as emoções e esse desastre vai além das tendenciosas matérias de pandemia de depressão, transtorno de hiperatividade, déficit de atenção e outros.

Quando recebi o convite para falar sobre desprendimento, eu estava no meio de uma incursão de pesquisa e trabalho no mato, no oeste do Brasil, no Acre, estava atendendo uma família com cinco filhos, todos com fenilcetonúria, doença essa que poderia ser diagnosticada já no primeiro dia de vida com o teste de pezinho e assim prevenir sua evolução, que causa sequela física e mental severa, mas não foi o que ocorreu, cinco seres humanos com seus já instalados retardo mental e físico estavam lá, todos no chão, em uma casa de madeira antiga, foi um choque ver que no meio de tanta miséria econômica se mantém a beleza de se manter o lar limpo da sujeira e tudo feito com muito amor por seus pais.

Em outro lado, prestando consultoria a uma família abastada do sul, vejo minha caixa de mensagens sendo bombardeada com o desencanto de uma mãe zelosa pelas filhas que esqueceu que criar filhos não é satisfazer suas vontades, criar filhos exige dizer mais não do que sim, desprender em vez de prender em uma redoma de vidro, e isso não é falta de amor. Esqueceu essa mãe que o amor de um pai e mãe para um filho ocorre visceralmente, mas o amor de um filho pelos pais pode ou não acontecer, esqueceu que, sejam quem for, os pais devem sim cobrar e exigir respeito, agora, amor não se cobra, e nesse contraponto vejo uma família discutindo porque na viagem à Europa não foram comprados todos os sapatos escolhidos pela filha, sapatos esses na faixa de 700 Euros e vestidos de 1000 Euros.

Tenho nesse dia na minha frente uma família acreana buscando uma assistência do governo chamado LOAS, que representa em numerário um quarto do salário mínimo, filhos esses que necessitam, apesar de já terem seus 20 a 30 anos, necessidades para levar ao banheiro, dar banho, alimentar, medicar... são cinco bebês com seus 40 quilos cada, haja força, haja espírito alegre para lidar com a miséria financeira e de saúde, mas estavam desprendidos dos valores que escravizam a nossa sociedade, tinham o poder de olhar realmente para o que importa, o amor, a família, Deus.

Agora, no caso da família do sul, mesmo ela morando de frente ao mar com direito à piscina, carro, dinheiro, lá não vi a limpeza, não vi a família, não vi Deus em suas vidas, estavam presos no apego às coisas, com cobiça demais, recheados de egoísmo e ganância, esses pejorativos saltaram aos meus olhos quando, pesquisando sobre o que seria o contrário de desprender-se, lá encontrei o contrário de desprender-se: apego, ganância, egoísmo, cobiça, ambição...

Basta estar vivo e terá, sim, alegrias e tristezas, essa oscilação de humor como se fosse uma cobrinha a serpentear a rua é o normal da vida que a indústria dos remédios junto com os códigos de doença em psiquiatria resolveram catalogar como doença, e sendo doença dá ao médico o poder de usar a caneta para medicar, uma teia onde médico e indústria do remédio ganham em nome da Medicina, mas e o paciente e suas dores emocionais? São tratados todos como doença, como se fosse possível um comprimido ter o poder de fazer sorrir em meio às decisões equivocadas da vida, a falta de amor próprio que castiga quem não vive sua vida, quando carnês aumentam e comprometem todo o orçamento porque entre aspas necessitava de um carro novo e mais potente, de uma casa maior, de mais sapatos, mais bolsas. Estranho é saber que seu corpo e alma pedem apenas que se viva a vida, que se tenha calma, que se desprenda dos conceitos que o diabinho do *marketing* impõe como sucesso.

Olha aí como o desprendimento é um grande tratamento para as doenças ditas psiquiátricas, veja bem, não estou aqui como psiquiatra dizendo que depressão não existe, é uma doença séria e severa que pode levar à morte, agora o que estou dizendo é que na prática de um quarto de século atendendo em consultório percebi que de cada 10 pacientes dizendo ter depressão 9 não eram, tratava-se de dor de dívida, dor de consumismo, de ganância, dor de ego, dor de apego, dor de ambição, dor de cobiça, dor de cotovelo, dor de corno, notaram que mais uma vez o contrário de desprendimento está intimamente ligado a apego, cobiça, ganância, ambição, egoísmo... Desprender permite voltar a ser aquela criança feliz que você era até o diabinho do *marketing* e dos gurus do empreendedorismo falar para você ser sempre mais.

Temos uma luz interior que acende quando estamos fazendo algo de errado contra nós mesmos – o inconsciente quer levar ao consciente que você está forçando a marcha, assim o motor esquenta, o carro quebra, o corpo não aguenta. No painel, o indicador de temperatura vai avisando que você precisa parar, esperar

Desprenda-se

esfriar e ver o que acontece, na prática vivemos com tanta pressa, com tanto discurso de empreendedorismo, de foco, de superação, de ir além dos limites, de nos tornar tão abnegados, que esquecemos que somos humanos, que antes de mais nada somos emoção, por mais que planilhas de administração e de controle do tempo nos digam o que devemos ou não fazer, não funcionamos assim, não somos máquinas, não basta programar uma agenda, determinar um foco e seguir como um foguete para a Lua.

Se você se sente perdido no espaço com tantos compromissos, com tantos dizendo que você tem que buscar superação, não fique triste, você é apenas mais um no meio de milhões de pessoas que estão presos nessa louca nave que está orbitando a Terra, provavelmente você nem imaginava que iria embarcar nessa, você se prendeu nesse sistema que quer sugar toda sua energia para poder gerar lucros até você adoecer e ficar perambulando por consultórios de psiquiatras em busca de um remédio milagroso chamado Alegrol, só que infelizmente esse remédio não existe, você escolheu errado seu super-herói e o quanto antes você se desprender dessa louca vida, mais chance você tem de fazer o que é nosso compromisso com a vida: ser feliz!

Hoje, o mundo está cheio de escolas de super-heróis, todos querem se matricular, todos querem ser, e temos aí mais um grande engano, o mundo não está precisando de super-herói, o que o mundo precisa é de pessoas humanas, pessoas que possam dizer bom dia para a esposa e o marido pela manhã, que possam abraçar e beijar a família antes de sair de casa, que possam ao menos se respeitar um ao outro na rua, que possam ao menos no domingo almoçar em família.

Hoje os relacionamentos viraram *networking*, tudo virou negócio, esse prender-se está, sim, adoecendo e tirando energia e brilho da vida, se faz necessário você se desprender desse jogo da vida, não para buscar ser o super-herói, mas ser você de verdade, uma pessoa do bem, que consegue olhar e perceber que existem pessoas ao seu redor, que existem sentimentos nas relações e que mais que um carro novo, uma viagem para Disney e/ou Europa, você e sua família precisam estar juntos nas horas boas e não boas, que as refeições são sim uma hora sagrada, um momento para agradecer à Deus pela dádiva da vida, da saúde e do maior bem que o homem pode conquistar, uma família feliz.

Para poder fazer essa leitura de seu eu, você precisa agora andar, se estiver correndo, sentar, se estiver andando, deitar, se estiver sentado, aí você conseguirá ouvir o que você sonhava lá quando era criança e se satisfazia brincando muitas vezes na lama, a diferença é que você estava lá com verdadeiros amigos, e pergunto: hoje, quantos amigos de fato você realmente tem? Desprenda-se de quem não é seu amigo de verdade.

Pode parecer equivocado este texto a esta altura, com tanta literatura pedindo para buscar mais e mais, e agora você se depara com um psiquiatra falando para desacelerar e simplesmente viver sua vida sem medo de ser feliz, mas uma vida feliz é simples, assim.

Se você ainda avalia seus amigos e outros tendo sucesso pelo que têm, você ainda está preso às garras de conceitos que adoecem e o tornam triste, continuando assim, logo, logo, se já não está, você se sentirá triste, deprimido, ficará fora de forma, doenças clínicas comuns irão aparecer, como hipertensão, diabetes, transtorno de ansiedade, depressão... Ah, claro, que a probabilidade de você estar fazendo uso de álcool além do que é considerado social estará acontecendo também, pode ser que a sacola de remédios já esteja crescendo e as idas a médicos, para mais remédios, já ocorram.

Mudar hábitos de vida você não quer, já que não tem tempo, não tem tempo para você e muito menos para sua família, a alegria momentânea do carro novo, do peitão de silicone, já é logo substituída por mais algum título de poder, ser *trainee master*, ser diretor, quem sabe até presidente, já que você, além de tudo, está ligado à moda de *coach*. Como um bom líder não chega ao sucesso? Claro que chega, mas antes de mais nada, peço para você se desprender desse conceito de sucesso, pode ser que você seja, sim, um grande líder, um excelente vendedor... Agora, se não souber pilotar sua vida e suas emoções para uma vida feliz e saudável junto da sua família, tudo que conquistou se torna moeda de troca para buscar no futuro a saúde que você perde agora, para chegar lá, ah! E se seu discurso é de que você não muda porque não tem tempo, então digo: você é o pior dos miseráveis, com tanto ego, apego, ambição, ganância, não sobra espaço de tempo para um ser humano viver nesse corpo – é, meu amigo, está mais do que na hora de você se desprender de tudo que faz mal e parar de esperar os *likes*. "Desprenda-se ou morra".

Capítulo 5

Seja indispensável sendo o "número 2"

Denisclei Oliveira de Amorim

Visando um equilíbrio entre melhores retribuições, satisfação nas tarefas e generosidade, compartilho uma chave mental, um pensamento poderoso, que vai tornar você indispensável em suas convivências sociais e ajudá-lo a se desprender das amarras do egoísmo e individualismo e da competitividade nociva de querer a qualquer preço ser o "número 1". Talvez este capítulo ajude alguém que você conheça!

Desprenda-se

Denisclei Oliveira de Amorim

Dennis Amorim possui o Título de Cidadão Benemérito pelo excelente trabalho realizado em sua Cidade; Diploma de Honra ao Mérito recebido pela Polícia Militar do Estado do Rio de Janeiro, por servir de Exemplo e Inspiração, em reconhecimento ao Projeto Desenvolvido junto aos Policiais Militares que visa fortalecer atributos da amabilidade; Diretor e fundador do Instituto ACJ (Arte Com Júbilo); escritor e coordenador editorial; conselheiro do Núcleo Oficial de Futebol do Botafogo em Campinho - RJ; discente em Psicologia; *Coach* de alta *performance*; analista comportamental; palestrante; criador do seminário "Musicalizando Vidas e Organizações" (foco em melhoria de equipes por meio da música). Há 20 anos, abriu mão da estatal na qual trabalhava (Petrobras S/A) e, inicialmente, na casa dos seus pais (D. Davina e Seu Natanael), fundou o Instituto ACJ com o objetivo de trabalhar a Educação como elemento de transformação positiva social por meio da arte. Sua esposa e sócia, Bianca Amorim, e seu filho, Nicolas Rosh, são suas fontes de força e estímulo. Sua expertise é alcançar resultados magníficos começando do zero e desenvolver talentos que se encontram limitados.

Contatos
notasdesucesso.com.br
artecomjubilo.com.br
dennis.mentoria@gmail.com

Eu e eu... Uma conversa no espelho

Existe algo supremo, que está além de nós (eu acredito e chamo de Deus; outros chamam de universo, cosmos; força mental; Ser Superior e por aí vai), que independentemente de como você vê ou classifica, tem confiado à espécie humana sonhos, projetos, talentos, competências e habilidades que somente os seres humanos são capazes de ter, tudo isso para que venhamos a nos sentir plenos. Por outro lado, o desequilíbrio humano na busca pelo que se deseja e a falta das habilidades ou competências sociais e emocionais têm levado muitos a uma competitividade nociva contra a sua própria espécie. Em meio a tudo isso, ainda existe aquele sentimento de vazio, que, mesmo após alcançar metas e conquistas, se estabelece em muitas pessoas. Parte disso pode ser pelo fato de nunca o nosso "eu" interior ter estado tão fora de nós, tão no outro como atualmente. Temos conversado pouco com nós mesmos, quase não aproveitamos mais o silêncio reflexivo, que é tão bom e aquieta a alma. E mais, essas determinadas "conquistas" que só passam a ser "reais" depois que as colocamos na telinha para o outro validar (pois o que parece é: "se o outro não viu, ou não aprovou, é porque não aconteceu") têm feito a invisibilidade social alcançar novos territórios e corações. Será?! Talvez... Nem tanto... O que você acha? Em defesa do "ego" muitos rompem os relacionamentos e partem para criar o "nosso grupo" em detrimento do "grupo alheio". Acredito que nunca havíamos visto uma sociedade tão dependente da aprovação do outro ou que caminha com o outro somente enquanto for conveniente. Pessoas preciosas, que têm o domínio da era tecnológica, mas com uma grande dificuldade de lidar com o próximo, seus conflitos, sentimentos e frustrações (e isso, já há algum tempo, preocupa as grandes organizações).

Como amenizar? A generosidade é um bom remédio para efeitos colaterais como falta de empatia, egoísmo, individualismo e dificuldade nos relacionamentos interpessoais, entre outros.

A ação de compartilhar, de sermos generosos, nos "eleva". O pesquisador Jonathan Haidt, da Universidade de Virgínia,

Desprenda-se

descobriu que cada vez que você faz uma boa ação, provoca uma sensação que ele chama de "elevação" em várias pessoas, ou seja, em vários níveis. O primeiro nível de "elevação" causado pela boa ação é sentido pela pessoa que a recebe. O segundo ocorre para quem fez a boa ação. O terceiro se dá com as pessoas que presenciam a boa ação acontecer, ou escutam o relato dela. Ou seja, a boa ação afeta positivamente as pessoas envolvidas e as que estão em contato com elas, enchendo o ambiente de boas energias.

Pessoas plenas são generosas! Precisamos desenvolver estratégias para saber cooperar, saber conviver, perceber o outro, a fim de interagir na diversidade cultural com generosidade. Trabalhar as competências socioemocionais por meio da música é uma boa estratégia para começo de trabalho – tenho desenvolvido projetos magníficos que musicaliza organizações e melhora a qualidade de vida de toda a equipe, caso queira, posso ajudar a implementar em sua empresa.

Porém, para se conectar melhor com o outro, é importante antes que nos "olhemos no espelho" de forma que o outro seja nós mesmos, para assim termos um estado de conexão com nossos verdadeiros sentimentos, tanto emocional quanto sensorial. Conhecer o propósito de sua existência, a si mesmo, o que "prefere", ou que "estressa", é o que faz uma enorme diferença para o alcance de suas metas e projeto de vida, assim como para a saúde do organismo, seja pessoal, corporativo, institucional, empresarial, escolar ou filantrópico. Precisamos escutar mais empaticamente nosso homem interior e conversar mais com ele, tentando entender o propósito de sua existência, de forma que venhamos a nos sentirmos mais realizados em nossas vidas pessoais, sociais e profissionais.

Dentre várias definições para a palavra propósito, a que eu mais admiro é "essência de uma criação". Um ar-condicionado que foi criado para gelar e não gela não cumpre o propósito de sua existência... Assim como um ar-condicionado instalado no Polo Norte também não. Você precisa saber quem você é e estar no lugar certo para sentir-se pleno.

Você não precisa ser o outro... Seja você! O segredo do seu sucesso está no propósito da sua criação... Qual o propósito da sua (nossa) criação? Já vou responder, mas antes entenda que não estou fechando essa pergunta em minha resposta. Porém, ao analisar várias pessoas com sentimento de autorrealização, após a leitura de inúmeros livros, bibliografias de pessoas bem-sucedidas, após anos fazendo Psicologia, cheguei à conclusão de que *nos* realizamos ao vermos que somos a solução do problema de alguém e nos sentimos importantes por isso. "Qual o propósito da sua criação?!" Ser a solução do problema de alguém. Fomos criados para sermos cooperativos.

Acredite, teremos maior satisfação em nossas conquistas quando vermos que o que fizemos em prol de nossas metas não causaram mal ao outro. Entenda que a competitividade saudável existe e pode ser comparada a um jogo de tênis, onde os jogadores são separados por uma rede e não podem anular o oponente por contatos físicos (o que seria desleal). Quem for melhor em sua técnica ganha! Então, fica a dica: coloque "redes" nos departamentos de sua organização.

Sabe aquela placa de segurança no trabalho que é colocada na frente de uma indústria, que diz "há tantos dias" sem nenhum acidente? Devemos colocar uma placa mental dessas para cada meta do nosso projeto de vida. "Há tantos dias" sem egoísmo, individualismo, deslealdade... Em prol da qualidade de vida no trabalho.

Que chave mental poderosa! Já pensou como o mundo poderia ser bem melhor se "todos" entendessem e colocassem esse princípio em prática diariamente?! Você é a ferramenta criada para ser a solução do problema na vida de alguém. Se todos de um determinado grupo social, seja de convivência primária ou secundária (família, corporações, escolas, instituições etc.), aplicassem isso, criaria nesse grupo um ciclo contínuo de resolução de problemas que diminuiria significativamente o problema de todos. Entendendo que aquilo que me falta o outro me completa, todos teriam o milagre que precisa e seria o milagre que alguém precisava. Assim, podemos ser tranquilamente como uma escada que apoia uma pessoa na busca de um determinado objetivo.

Não tem problema nenhum em você ser escada, na verdade precisa ser muito forte e inteligente emocionalmente para tal função. O maior desafio é encontrar uma dinâmica que fique boa para ambos e isso exige uma sintonia quase mágica, numa parceria onde um pense sempre no outro. Isso trará o equilíbrio para que não corramos o risco de ter uma relação em que um egoísta esteja se alimentando de um generoso.

Seja indispensável sendo o "número 2"

Eu gosto muito de dividir, tenho uma satisfação absurda em passar a bola para ver o outro brilhar. Na vida, alguém precisa levantar a bola para o outro cortar. Na comédia feita por duplas, o escada (termo muito usado nessa arte) é o que levanta para o

Desprenda-se

outro cortar em cena. E para isso acontecer é preciso uma sintonia perfeita. Exemplos de duplas como: Chico Anysio e Lúcio Mauro; Jô Soares e Eliezer Motta; Didi e Dedé (sem esquecer do Mussum e do Zacarias); Miguel Falabella e Marisa Orth; Heloísa Périssé e Ingrid Guimarães; Leandro Hassum e Marcius Melhem. E muitas outras, mestres na comédia, nos fazem entender essa sintonia de como, independentemente de qual deles faça o papel de escada, talentos são complementares e podem fazer sucesso juntos. No futebol, podemos citar Pelé e Garrincha; Romário e Bebeto; Rivaldo e Ronaldo. Grandes parceiros!

Como é essencial entender a importância de quem passa a bola para o outro pontuar em uma equipe. É como um *quarterback* de um time de futebol americano que foge para não ser obstruído ou sacado (ato dos jogadores adversários: jogar-se sobre ele), para lançar a bola a alguém de sua equipe que cruza a linha do gol adversário e marcar um *touchdown* (jogada que vale 6 pontos).

Voltando a falar sobre o nosso futebol, um dos maiores jogadores, eternizado como Tostão, Eduardo Gonçalves de Andrade (ex-atacante) foi generoso dentro de campo, servindo seus companheiros, e teve uma carreira tão marcante quanto a dos craques com quem atuou, como Dirceu Lopes, Gerson, Rivellino e Pelé. Venceu a Copa do Mundo de 1970 com uma equipe que até hoje é reverenciada no mundo.

Qual a chance, matematicamente falando, de dois se tornarem três?! Basta lembrarmos que não precisamos ser o "número 1" o tempo todo! Quando quem é o "número 2" entender que é um sucesso tal quanto o "número 1", e quem é o "número 1" entender que seu sucesso passa pelo sucesso do "número 2", então teremos 2 + 1 = 3. Um resultado maior para a equipe do que o de duas pessoas tentando ser o "número 1", que resultaria em 1 + 1 = 2. A questão aqui é perceber como e com quem as coisas funcionam melhor em determinados momentos ou tarefas, e ter "ego zero" para aceitar a escolha.

Aprenda a desembrulhar papéis de presente e tenha melhores retribuições

Para finalizar a nossa conversa, vou fazer uma breve metáfora... Imaginando que os problemas e as dificuldades são os papéis que embrulham as caixas que contêm os desejados presentes que queremos na vida, podemos dizer que quanto mais especialistas formos em desembrulhar os papéis de presentes, mais vitórias e conquistas teremos.

Agora, pense comigo: nem todos (seja lá por qual motivo for) são capazes de desembrulhar o papel de presente de suas caixas sozinhos e, por isso, as pessoas contratam outras para fazê-lo. Aplicando o teorema do "se", "logo", "então", se você adquiriu experiências em desembrulhar o papel de presente de suas caixas, então em decorrência disso conseguirá fazer com caixas parecidas de outras pessoas (só que, com essas, você ganhará para fazer essa tarefa). Agora, se você estudar, se empenhar em adquirir mais conhecimento e se tornar um especialista em desembrulhar os papéis de presente de caixas diferentes, consequentemente mais alta será a sua retribuição. Na outra ponta do mesmo pensamento (que é inversamente proporcional, se assim podemos dizer), passar a vida fugindo dos problemas ou querendo que outros o resolvam é não vivenciar as experiências que lhe farão amadurecer e ter autorresponsabilidade. Atributos essenciais para as organizações e para as pessoas que desejam ter uma vida bem-sucedida.

Dificuldades e problemas fazem parte da vida. Se alguém tem problemas com o coração, quem é o especialista em desembrulhar esse papel? Não seria o cardiologista? E se o problema for com emoções, gerenciamento de equipe, obesidade... E por aí vai. Quem será o especialista? Quanto melhor você for em resolução de problemas, mais pessoas terão acesso aos presentes que estão dentro das caixas, você se sentirá mais realizado nas tarefas que executa e terá maiores retribuições.

Agradeço a Deus por este pensamento poderoso, pois pô-lo em prática em minha vida ajudou-me a chegar aonde cheguei. Hoje, morando em uma casa maravilhosa, num condomínio de alto padrão na avenida das Américas, na Barra da Tijuca, no Rio de Janeiro (claro, após 20 anos desembrulhando meus papéis de presentes e o de outras pessoas), posso dizer que esse pensamento funciona. Mesmo que não seja uma "receita de bolo", funciona.

No que puder ajudar, estou à disposição!

Capítulo 6

O que o cerca? É o que o prende ou o que o liberta?

Elder F. Perez

Neste capítulo, falarei sobre o aspecto libertador ou aprisionador das coisas, pessoas e situações que envolvem a nossa vida. Trago alguns comentários sobre a nossa incompletude, mágoa e ressentimento e se nos relacionamos conosco como chefes ou líderes. Sugiro também exercícios simples que podem contribuir com a melhoria do dia a dia.

Elder F. Perez

Graduado em Psicologia e Administração de Empresas. Especialista em Terapia Cognitivo-Comportamental e Psicologia Organizacional. Pós-Graduando em Clínica Psicanalítica. Atua como psicólogo clínico, orientador de carreira e palestrante. É coautor do livro "O poder do óbvio" pela Literare Books International.

Contatos
elderfperez@hotmail.com
(71) 99144-5566

A princípio, qualquer coisa pode ser algo que nos aprisiona ou que nos dá liberdade: o dinheiro, a família, os amigos, o trabalho, as situações, as pessoas etc. Sendo assim, podemos perguntar: o trabalho prende ou liberta você? Quando o dinheiro o torna senhor e quando ele o torna escravo? Os relacionamentos colocam você numa gaiola ou permitem voar? O atributo de prisão ou liberdade sobre o que está à nossa volta, em grande medida, é uma questão subjetiva e pessoal. Como dizia Mahatma Gandhi: "A prisão não são as grades, e a liberdade não é a rua; existem homens presos na rua e livres na prisão. É uma questão de consciência".

Que falta move você?

Compras diversas e desnecessárias, muitos relacionamentos amorosos simultâneos ou em curto espaço de tempo, agenda sempre cheia com vários compromissos etc. Já parou para pensar que por trás de um excesso pode estar escondida uma falta?

Por que será que falamos tanto de comida quando estamos com fome? É possível deduzir que a liberdade é um dos temas preferidos dos que estão presos? Essas situações exemplificam como a falta pode ser um elemento de mobilização nas nossas vidas. Importante destacar que algumas vezes é possível identificar conscientemente o objeto faltante, mas essa parte consciente pode ser apenas a ponta do *iceberg*.

Se somos incompletos e ansiamos pela completude, podemos dizer que a falta nos move grandemente. A afirmação parece óbvia, mas, em termos mais sutis, é possível que, nessa condição de seres faltantes, a busca pela tão sonhada completude possa ser extremamente angustiante, se não soubermos lidar com ela.

Procuramos as nossas faltas, às vezes inconscientemente, em algo ou alguém que também é incompleto, perecível e temporário com a ilusão de serem plenos, estáveis e eternos. Podemos entrar em ciclos de buscas cegas, intermináveis, e obter satisfações temporárias sem nos darmos conta de que o suprimento é apenas uma questão de momento e daí também podem surgir as frustrações.

Desprenda-se

Mas como lidar com esse aspecto tão singular que é a nossa insuficiência? Para aplacar a busca, muitas vezes penosa, pela satisfação, o primeiro passo pode ser exatamente assumirmos a nossa falta e reconhecer que a tal plenitude está muito mais para algo relativo do que para algo absoluto.

Em alguns momentos, pode ser muito mais produtivo decidir pela eliminação de excessos do que investir em novas aquisições. É importante refletir e ressignificar os nossos critérios de satisfação e a relação com os objetos que consideramos responsáveis por ela.

É preciso destacar que a falta que estamos falando não é necessariamente uma escassez e nem é um prejuízo na vida, porque nem toda falta é vazia e nem todo vazio é niilismo. Afinal, é no oco que o eco ecoa.

A falta pode, sim, ser uma força construtiva e criativa! E quando ela passa a ser entendida e bem administrada, podemos ser capazes de interromper padrões repetitivos de comportamento, gerando uma dinâmica que nos retira da condição de "subserviência" absoluta do querer, tornando a vontade nossa aliada e melhorando a relação com o próprio desejo. Nesse caso, a psicoterapia, feita com profissionais competentes, é altamente recomendável.

Mágoa X ressentimento

Todos nós, em alguns momentos, nos magoamos. Se o que nos magoa não é superado, aí existe um ressentimento. Podemos dizer que a mágoa é passageira e o ressentimento é a sensação de uma mágoa que volta a ruminar de tempos em tempos, onde nem sempre o seu motivo está claro. Portanto, quando a mágoa não é resolvida, ela nos faz senti-la novamente, ou seja, re-sentir.

Mas por que será que às vezes não superamos as mágoas? A resposta parece estar no fato, simplesmente, de não querermos esquecê-las. Isso mesmo! E aí, ficamos presos a ela. E essa condição às vezes se dá de maneira inconsciente.

Qual seria o interesse do sujeito na manutenção de uma mágoa? Podemos levantar algumas hipóteses, como por exemplo: isentar-se da própria responsabilidade por um suposto fracasso, atribuindo isso a causas externas; não querer saber onde errou para não ter que assumir o erro; ter sempre um culpado pela sua situação, tornando esse outro objeto permanente da sua acusação e, dessa forma, nutrir o sentimento de uma vingança futura, muitas vezes de forma silenciosa e velada, que lhe gera um certo prazer, embora o seu discurso seja o da dor. O ressentido pode querer ser visto como uma vítima para justificar uma certa passividade ou covardia diante da vida. Ele não luta efetivamente para mudar uma situação concreta e nem a sua condição subjetiva.

Geralmente, ele não deseja ser forte, porque considera que ser frágil pode lhe render certa atenção e acolhimento e, além disso, acha que ser fraco é sinônimo de bondade. O pleito do ressentido é ser visto como vítima. Ele acaba se tornando um sujeito passivo e queixoso. A pergunta que o ressentido não quer responder é: "Qual é a minha responsabilidade sobre o meu próprio sofrimento?".

Embora muitas vezes a fala do ressentido se confunda com o discurso da revolta, vale lembrar que a revolta verdadeira é aquela que muda ou tenta mudar as coisas de forma efetiva. Quem luta e não traz consigo o assujeitamento dificilmente torna-se uma pessoa ressentida.

O ressentido é alguém que, no final das contas, por algum motivo e de alguma forma, se delicia com a sua prisão. Nunca poderemos nos considerar livres enquanto estivermos amarrados às correntes do ressentimento e enquanto não assumirmos o protagonismo da nossa vida. Entender o ressentimento é uma forma de superá-lo.

Lidere-se e libere-se

No mundo organizacional, estamos acostumados a ouvir, ler e assistir a pessoas discorrendo sobre o que é ser um chefe e o que é ser um líder. Refletiremos um pouco sobre algumas dessas diferenças, tentando transitar do âmbito corporativo ao âmbito pessoal.

A concepção de chefe traz consigo a ideia de que há um subordinado, que deve simplesmente obedecer às ordens de um "superior". Essa obediência, em geral, traz a marca da ausência de reflexão e de questionamentos, pois o chefe supostamente é aquele que se apresenta como o que sabe de tudo, centraliza o poder em si, faz ameaças e atribui a responsabilidade total pela execução da tarefa ao outro, principalmente se o produto final não sai conforme esperado.

Na relação tradicional entre chefe e subordinado, há apenas a ideia de erro e acerto com base exclusiva no resultado. Sendo assim, "se eu dou uma ordem, você tem que obedecer e cumprir; caso acerte, não é mais do que obrigação". Se errar, é provável que haja retaliação ou punição. Essa rigidez, que às vezes é conduzida de forma moralmente assediadora, pode ser o sintoma de uma insegurança pessoal ou de um temor.

Desprenda-se

Tal modelo ultrapassado de gestão, porém, ainda existente em algumas organizações, pode ser comum na relação que temos com nós mesmos por vários motivos, dentre eles, como já foi citado, a insegurança e o medo.

Podemos identificar o chefe de si por meio da autocobrança exagerada; da permanente exigência por alta *performance* pessoal; da busca, muitas vezes insana, pela perfeição; da autopunição por supostos erros; da tentativa de consertar ou compensar as falhas por meio de buscas exaustivas de acertos; da não tolerância à frustração; do receio de perder o controle, da rigidez consigo etc. Essa condição pode se tornar desgastante, cansativa, disfuncional e até provocar o adoecimento.

Já o líder vai considerar seus liderados como parceiros. Ele é aquele que, em vez de ser o que simplesmente dá uma ordem, inspira os outros a fazer, estimula, motiva e se torna corresponsável pelos resultados, sejam eles bons ou ruins.

O líder é capaz de perceber a importância do processo e não apenas do resultado. Ele sabe que o fazer pode gerar experiências, saberes e habilidades para lidar com novos desafios. Ele entende que um erro não é o fim, mas pode ser um meio para o aprendizado.

O líder entende que entre uma tarefa posta e o atingimento do objetivo existe um caminho. Ele vai saber reconhecer e valorizar os resultados positivos e avaliar conjuntamente com os liderados os possíveis equívocos, fazendo os ajustes necessários, em vez de punir e retaliar.

O líder acredita muito mais no aperfeiçoamento do que na perfeição. Ele parte do pressuposto de que podemos e devemos aprender sempre e com isso cria um ambiente propício para a evolução constante.

O líder procura entender as potencialidades e os limites dos liderados, conduzindo a equipe com a firmeza e a flexibilidade que cada processo exige. É inteligente e estratégico diante das dificuldades, sem temer os desafios, e é perspicaz em reconhecer as oportunidades.

Um líder de si desenvolve o autorrespeito e o autoconhecimento, é capaz de respeitar o outro, reconhecer suas emoções e direcioná-las na direção e na dosagem adequadas. Respeita o aprendizado que as experiências trouxeram e, sem perder de vista o presente, tem o olhar no futuro.

E, então, você é um chefe ou um líder de si?

Dicas e exercícios

Os exercícios a seguir podem facilitar a transformação de padrões de pensamento e comportamento que consideramos indesejados.

Virando a chave

Tente perceber que diferença há entre as frases:

"A gente não agrada a todo mundo" e "A gente não desagrada todo mundo".

Do ponto de vista do significado, elas são idênticas. O que difere são as ideias por trás de cada uma. Ao afirmarmos que "a gente não agrada a todo mundo", o que pode estar por trás disso é que nós também desagradamos as pessoas. Ao passo que quando nós dizemos que "a gente não desagrada todo mundo", queremos dizer que nós também agradamos aos outros.

A mesma lógica está em outras afirmações, como: "a gente não acerta sempre" e "a gente não erra sempre", ou seja, se não erramos sempre, queremos dizer que também acertamos. Que tal ficar atento a isso e "mudar a chave"?

Inversão

Este exercício ajuda a tirar o nosso cérebro da zona de conforto, desenvolvendo concentração e atenção, além de possibilitar novos aprendizados.

Sempre que possível, faça o que você faz no seu dia a dia de maneira invertida. Exemplo: procure usar a sua mão que não é a dominante para escovar os dentes, pentear o cabelo, escrever etc. Dentro de casa, e com atenção, ande de costas ou de olhos fechados lentamente para transitar entre os cômodos (cuidado com os obstáculos e ao sinal de qualquer mal-estar interrompa imediatamente o exercício). Faça caminhos diferentes para ir aos mesmos lugares. Invente maneiras criativas e diferentes de fazer o mesmo.

Técnica das três coisas boas

Antes de dormir, anote três coisas boas que aconteceram no seu dia. Não precisa ser nada extraordinário. Exemplo: um lugar que você foi e gostou, uma pessoa legal que conheceu ou encontrou, uma comida boa e bem saboreada, uma bela mensagem que recebeu, algo bacana que você fez para si ou para alguém, uma boa lembrança que surgiu etc. Está valendo qualquer coisa positiva. Deixe um caderno e uma caneta próximos à cama para não esquecer de fazer. Essa deve ser uma das últimas atividades do seu dia.

Desprenda-se

Estudos mostram que esta técnica aumentou a felicidade e diminuiu os níveis de depressão das pessoas que a praticaram diariamente por seis meses. É uma forma de educar o cérebro para pensar positivamente.

O valor das coisas

Tente dividir a sua vida em: família, lazer, relacionamentos, trabalho, estudo, entre outras áreas. Verifique o quanto de atenção você está dando para cada uma delas. Se possível, faça isso escrevendo e atribuindo notas de acordo com a dedicação dada a cada item, exemplo: 1 para pouca dedicação e 10 para dedicação total. Depois, pergunte-se: será que estou supervalorizando ou subvalorizando algum aspecto da minha vida? Em que medida eu posso cortar os excessos promovidos pela supervalorização e em que medida se faz necessário me dedicar mais àquilo que pode estar sendo subvalorizado? É possível distribuir melhor meu tempo e energia para criar uma situação geral mais harmoniosa na minha vida?

Vale lembrar que os exercícios não substituem ajuda profissional.

Referências

KEHL, Maria Rita. *Identidades contemporâneas – a psicanálise e os novos referentes da subjetividade*. Acervo educacional da TV Cultura. São Paulo: Editora Bearare, 2009.

SELIGMAN, M. E. P.; STEEN, T. A.; PARK, N.; PETERSON, C. *Positive Psychology Progress: Empirical Validation of Intervencions*. American Psychologist, vol. 60, p. 410-421, 2005.

Capítulo 7

Relacionamentos: o colorido da vida

Eunice Teodora dos Santos Crescêncio

Relacionar-se e estabelecer vínculos pode ser desafiador, no entanto, não há outra forma de desfrutar a vida em sua plenitude sem a interação humana. Portanto, desenvolver ou aprimorar competências como a comunicação, empatia, resiliência e autoestima são fundamentais para o estabelecimento de vínculos significativos.

Eunice Teodora dos Santos Crescêncio

Psicóloga, historiadora, especialista em psicopedagogia, palestrante, escritora, analista comportamental, *coach* com formação em *Life Coaching* e *Coaching Vocacional*. Servidora Pública – Profissional de Nível Superior do Sistema Penitenciário da Secretaria de Estado de Segurança Pública/SESP-MT.

Contato
eunice.crescencio@gmail.com

"Ninguém é uma ilha".

Essa frase muito conhecida nos faz lembrar que somos seres de relacionamentos, ou seja, a necessidade de nos relacionarmos é própria da nossa existência e, por mais que nos esforcemos para não interagir, é impossível vivermos isoladamente nestes tempos de globalização e tecnologia ao alcance das mãos, basta apenas um clique em nosso celular e já estamos interagindo.

No entanto, a falta de habilidade com a interação humana pode trazer prejuízos significativos, tanto na vida pessoal quanto na profissional. Portanto, desenvolver habilidades e competências que contribuam para o fortalecimento das relações é fundamental para usufruirmos de maneira satisfatória as alegrias que os relacionamentos podem nos proporcionar, e os benefícios serão sentidos em todas as áreas, seja familiar ou no ambiente de trabalho.

Muitos autores afirmam que em todas as formas de relacionamento, seja familiar, em grupo social ou corporativo, o desenvolvimento de algumas competências faz-se indispensável para uma relação saudável, positiva e satisfatória. Dentre elas destacam-se:

- Comunicação;
- Empatia;
- Resiliência;
- Autoestima.

Comunicação

A comunicação é a base dos relacionamentos. Comunicar-se não é apenas dar e receber informações, mas também compartilhamento de ideias, sentimentos e experiências.

A maior parte dos problemas nas relações vem de uma comunicação deficiente. Portanto, precisamos desenvolver essa competência de maneira eficaz para termos relacionamentos positivos, que promovam felicidade e bem-estar.

Desprenda-se

Dicas para melhorar a comunicação
* Escolha o momento oportuno para iniciar um diálogo;
* Pense antes de falar;
* Escolha as palavras certas e o tom adequado;
* Esteja aberto para ouvir;
* Demostre interesse no que a outra pessoa está falando;
* Não interrompa desnecessariamente;
* Organize e esclareça suas ideias de maneira clara e objetiva;
* Verifique se foi entendido;
* Desenvolva a disposição de dar e receber *feedbacks*;
* Examine o ponto criticado com atenção, respeitando o ponto de vista do outro.

Empatia

Em uma definição mais comum, empatia é a disposição de colocar-se no lugar do outro, de se identificar com seus pensamentos e sentimentos, é tentar compreender o comportamento do outro sem julgá-lo.

A empatia contribui fundamentalmente para o desenvolvimento de relacionamentos saudáveis. Relacionar-se com uma pessoa empática produz sentimento de aceitação, segurança e companheirismo. Portanto, para desfrutarmos de relacionamentos que produza satisfação e bem-estar, é primordial que desenvolvamos essa competência.

Dicas para desenvolver a empatia
* Coloque-se no lugar do outro fazendo para você mesmo a seguinte pergunta: como eu agiria se estivesse na mesma situação e condição?
* Procure conhecer a história de vida da pessoa. Conhecer a história de vida das pessoas nos ajuda a entender seu comportamento, sentimentos e seu modo de agir, diminuindo, assim, o risco de julgamento, possibilitando uma atitude mais empática.

Resiliência

Resiliência é um termo proveniente do latim que significa voltar ao estado normal. A Psicologia toma emprestado esse termo da Física para redefinir como sendo a capacidade de lidar com problemas, superar obstáculos, resistir à pressão ou se recuperar de situações de crise. Para a biologia, cada ser humano nasce com um potencial genético que faz com que ele seja mais resistente que outros. Já a Psicologia considera que a capacidade que um indivíduo tem de superar crises e situação adversas é construída principalmente na infância, tendo o relacionamento familiar como o principal fator de influência.

Sendo assim, apesar de nascermos com certa tendência de sermos mais ou menos resilientes, a boa notícia é que a resiliência é um atributo da personalidade que pode ser desenvolvido.

Considerando que todo relacionamento, seja no âmbito familiar, social ou profissional, tende a passar por situações de conflitos, é indispensável o desenvolvimento dessa competência para usufruirmos de relacionamentos positivos.

Dicas para desenvolver a resiliência

* Controle suas emoções. Não se deixar levar impulsivamente por uma emoção, procure manter-se sereno diante de um problema;
* Mantenha uma mentalidade otimista. Diante de uma situação de crise ou de pressão, é fundamental uma mentalidade positiva, convicção, esperança de que as coisas vão melhorar e que você tem condições e recursos para superar;
* Concentre-se na solução. Não gaste suas energias reclamando ou desejando que a situação fosse outra, enfrente o problema focando em atitudes e sentimentos que ajudarão na resolução desse problema;
* Tenha um modelo de superação. Procure se espelhar em pessoas que passaram por situações adversas e superaram, procure estar na companhia de pessoas resilientes.

Autoestima

De modo comum, autoestima é a forma como nos vemos, é a imagem que temos de nós mesmos, é aquilo que pensamos e sentimos a nosso respeito. A autoestima vai sendo formada desde a gestação e ao longo da vida, porém, é na infância que ela recebe maior influência e os pais são os principais influenciadores para a formação da autoestima.

A autoestima interfere diretamente em nossos relacionamentos, pois a maneira como nos vemos, ou aquilo que pensamos de nós mesmos, vai direcionar a forma como vemos e percebemos o outro.

Desprenda-se

Pessoas com autoestima positiva tendem a ter menos conflitos e melhor capacidade de desenvolver relacionamentos saudáveis, significativos, que promovam contentamento e bem-estar. Já pessoas com autoestima negativa tendem a ter mais dificuldades nos relacionamentos ou maior possibilidade de viver relacionamentos mais conflituosos.

Em vista disso, se queremos desfrutar os benefícios que um bom relacionamento pode nos trazer, é indispensável buscar mecanismos para desenvolver ou fortalecer a autoestima.

Dicas para desenvolver a autoestima

* Faça atividade física, algo que você goste e sinta prazer em fazer;
* Faça uma lista de suas qualidades e de suas conquistas e passe um tempo meditando sobre elas;
* Elogie outras pessoas. Crie o hábito de valorizar o que as outras pessoas têm de positivo e ofereça elogio, isso fortalece a autoestima de quem recebe e contribui para melhorar a autoestima de quem dá;
* Não se compare. Evite fazer comparações, ninguém é perfeita, todos temos pontos fortes e pontos a serem trabalhados;
* Cuide da sua saúde. Busque se alimentar de forma saudável e equilibrada, abstenha-se do abuso de álcool e outras drogas, procure sempre ter boas noites de sono e um período para realizar atividades prazerosas;
* Seja humanitário. Dedicar algum tempo a atividades de cunho social de ajuda ao próximo, pois a sensação de utilidade melhora a autoestima;
* Perdoe. Faça as pazes com os outros e consigo mesmo, se magoou alguém, peça perdão, se foi ferido, perdoe, liberte-se da mágoa e do ressentimento;
* Sonhe. Estabeleça algumas metas. Comece com metas de curto ou médio prazo passíveis de realizações e esforce-se para alcançá-las, isso ajudará a desenvolver autoconfiança.

Conclusão

A necessidade humana de se relacionar é intrínseca, nascemos com essa predisposição, de modo que é impossível passarmos pela vida sem estabelecer vínculo com as pessoas.

Consequentemente, precisamos urgentemente desenvolver as competências necessárias para desfrutarmos de todos os benefícios que os relacionamentos saudáveis e positivos podem trazer.

Não obstante, se você percebeu que precisa melhorar ou desenvolver de forma mais eficaz uma ou mais competências aqui apresentadas, a boa notícia é que existem caminhos seguros para isso, por exemplo, a terapia, a psicoterapia e até mesmo um processo de *coaching* pode auxiliar nesse objetivo, pois as abordagens, técnicas e ferramentas utilizadas nessas intervenções têm se mostrado bastante eficientes. De modo que vale a pena procurar um profissional e investir em sua qualidade de vida, pois você merece viver de maneira mais plena e feliz, afinal, apesar de desafiador, são os relacionamentos que dão o colorido à nossa existência.

Referências

CHIAVENATO, I. *Gestão de pessoas: o novo papel dos recursos humanos nas organizações*. Rio de Janeiro: Campus, 1999.

DANICINI, W. *Sucesso em dose dupla*. Tatuí: Casa Publicadora Brasileira, 2012.

EBINGER, D. *Você mulher*. Hortolândia: Edição do Autor, 2017.

MELGOSA, J. *Mente positiva: como desenvolver um estilo de vida saudável*. Tatuí: Casa Publicadora Brasileira, 2009.

MENEZES, E. V. *Como melhorar a comunicação no casamento*. 2. ed. Engenheiro Coelho: Famipypress, 2018.

MOSCOVICI, F. *Desenvolvimento interpessoal: treinamento em grupo*. Rio de Janeiro: José Olympio, 2003.

PELT, N.V. *Como formar filhos vencedores: desenvolvendo o caráter e a personalidade*. Tatuí: Casa Publicadora Brasileira, 2006.

REIS, D. *Momentos felizes*. São Paulo: Editora Sobretudo, 2005.

Capítulo 8

Sonhos

Gabriela Brocardo

Se você está aí se perguntando se vale a pena sonhar, este capítulo é para você!

Gabriela Brocardo

Fisioterapeuta pela Universidade Feevale/2003. Instrutora RPG/2003. Instrutora Iso-Stretching/2004. Especialista Acupuntura/2004. Instrutora Pilates/2007. Técnicas de bandagem neuromuscular/2012. Reiki Sistêmico Usui nível 1 e 2/2012. Curso Benzimento Naylah/2016. Thetahealing Institute of knowledge DNA BÁSICO E AVANÇADO/2018. Facilitadora do método Empreenda com Propósito/2018. *Sommelier* de Chá Internacional pelo El Club del Té - Buenos Aires/2018. Barras de Access pelo Access Consciousness/2019. Body Process Hepads Posicionais/2019. Experiência Sensorial na Itália WINE SENSORY AND BUSINESS promovido por CIAS Innovation - Centro Italiano di Analisi Sensoriale/2019. *Master in wine export management* (UNICAM Universitá di Camerino – Itália/2019). Conexão entre Mulheres pelo Instituto Ipê Amarelo/2019. Idealizadora da Mentoria dos Sonhos. Idealizadora do *Workshop* Chá dos Sonhos. Facilitadora de Círculos de Mulheres. Proprietária da Clínica Multidisciplinar Centro Físio/2004. Proprietária da Empresa Alkimia das Rosas/2014.

Contatos
www.gabrielabrocardo.com.br
gcbrocardo@gmail.com
Instagram: gabrielabrocardo
Facebook: gabrielabrocardooficial

Gabriela Brocardo

Os sonhos são o combustível da vida e só conseguimos realizá-los quando escutamos a voz do coração. Os sonhos nos acompanham desde criança, eles fazem parte de todos os momentos e fases da nossa vida. Acreditando em nós mesmos, vamos atrás dos nossos sonhos e da voz do coração.

Muitas vezes, os sonhos que trazemos dentro de nós e que planejamos viver vão se misturando com os de outras pessoas; Não raro, nesse momento nos perdemos dos nossos sonhos e começamos a viver os sonhos dessas outras pessoas. Isso faz com que nos percamos de nossa essência e vamos permitindo, de forma até inconsciente, nos desconectar de nós mesmos.

Sonhos são únicos, são parte da essência que pertence a cada um de nós e que nos diferencia uns dos outros.

Passamos a vida buscando e realizando os nossos sonhos, alguns um pouco mais complicados, outros mais simples. São esses sonhos que fazem a vida ter sentido, que fazem os olhos brilharem.

Os meus sonhos estão ligados aos seus, e os seus sonhos, ligados aos meus. Dessa forma vamos cruzando os nossos caminhos e desenhando a nossa história. Mas mesmo assim somos responsáveis por aquilo que sonhamos e buscamos, somos responsáveis por cada passo que damos em direção à realização desse sonho.

Nem sempre esse caminho é fácil, às vezes encontramos algumas barreiras, mas o importante é nunca desistir de tudo aquilo que acreditamos. Vamos quebrando essas barreiras e guardando as pedras para fazer um lindo mosaico, que vai contar a história da realização desse sonho. Esse mosaico com certeza vai estar cheio de aprendizado, amor, algumas dificuldades, mas isso é o que deixa as nossas histórias cheias de essência! Além da história, qual é o desenho do seu mosaico?

O desenho do meu é o de uma rosa cheia de amor, perfumada, e muitas vezes eu precisei usar os espinhos dessa bela rosa para me proteger, outras tantas inclusive me machuquei nesses espinhos, mas nunca deixei de escutar a voz do coração. Ela é o que guia os nossos sonhos.

Como nós estamos muito racionais, não prestamos atenção à voz do coração.

Desprenda-se

Esta voz é a essência, é aquilo em que realmente precisamos aprender a acreditar, é a nossa intuição, que vai nos indicando o caminho. Quem nunca falou a frase "se eu tivesse escutado a minha intuição"?

A intuição é a voz do coração, é um excelente aliado para nos auxiliar na caminhada em direção aos nossos sonhos. Ela vai nos guiando sempre com sabedoria, mas para isso é preciso escutá-la com muito amor.

Muitas vezes, temos sonhos que achamos impossíveis de realizar, não é mesmo?

Todos os sonhos são realizáveis, basta ter foco, disciplina e observar sempre se esse sonho é realmente nosso, pois as oportunidades vão aparecendo e temos que ir pegando-as. Se ele for realmente nosso o universo vai abrindo portas e possibilidades, então temos que estar atentos para reconhecer e aproveitar essas oportunidades.

O que importa é que você realmente acredite neles, e os deixe alinhados com sua essência.

Por vezes alguns sonhos ficam para trás, mas nunca devemos deixar de sonhar, pois o universo sempre vai nos auxiliar a realizar aquele sonho que está alinhado com a nossa essência.

Outras vezes, um sonho que estava guardado é trazido à tona depois de algum tempo... o universo manda uma oportunidade de fazer isso acontecer e esse sonho é acordado. Começamos então a ver esse sonho, ora esquecido, com outros olhos.

Todos os dias, estamos realizando sonhos novos e antigos.

Permita-se sonhar e realizar os sonhos todos os dias, independentemente do tamanho que possam ter.

É bom lembrar que muitas vezes precisamos de ajuda para realizar os nossos sonhos.

Vamos fazer algumas perguntas para nós mesmos?

Estas perguntas vão ajudar você a olhar para sua vida e verificar se está alinhado com seus sonhos.

Está vivendo e se relacionando de forma que acredite ser saudável com você mesmo? Consegue perceber a forma que está se relacionando com você mesmo e seus sonhos? Olhe à sua volta, você acredita estar alinhado com a vida que leva?

É muito importante estar com a vida alinhada a uma personalidade, apenas. Quero dizer, seja a mesma pessoa sempre, independente do lugar ou da situação. Não haja por conveniência, mas sim com o coração. Isso faz com que seus sonhos se realizem mais facilmente, e você vai conseguir ver com mais clareza os caminhos que levam à realização deles.

Os sonhos são o combustível da vida, quando estamos com eles alinhados, conseguimos ter uma vida mais leve.

- Você tem os amigos dos seus sonhos?
- Você tem a saúde que sonha?
- Você tem a prosperidade que sonha?
- Você mora onde você sonhou?
- Você trabalha naquilo que sonhou um dia?
- Você está olhando o mundo com os seus olhos ou com os olhos de outras pessoas?
- Você está olhando para sua vida com amor ou com olhar de crítica?
- Qual o sonho que faz você perder o sono?
- Onde esse sonho leva você?
- Qual sensação esse sonho traz?
- Qual medo impede você de realizar esse sonho?
- Por que esse sonho é importante?
- Quais experiências de vida podem ajudá-lo a realizar esse sonho?

Isso tudo está interligado, e para você realizar os seus sonhos é também muito importante reconhecer os que já realizou.

Você já fez uma lista dos sonhos que realizou e agradeceu por eles? Tão importante quanto realizar os sonhos é reconhecê-los e ser grato por eles.

O coração se enche de alegria quando vemos que somos capazes de realizar os nossos sonhos, por menores que sejam. Confie nas suas conquistas, no que você é capaz de realizar.

Não desista nunca, realize no seu tempo. Cada um de nós tem seu tempo, mas sempre deixe o seu sonho alinhado com a sua essência.

Vamos fazer uma lista dos seus sonhos.

Depois dessa lista feita, vamos colocá-la em uma ordem de curto a longo prazo.

Desprenda-se

Sonho	Curto prazo	Médio prazo	Longo prazo	Qualidade	Ação

Você sabia que o verbo sonhar é conjugado em todos os tempos verbais? O que será que isso significa? Que devemos sonhar sim, e podemos ter muitos sonhos. Que todos são capazes de serem realizados. Para isso, precisamos colocá-los em ação.

O que você está esperando para colocar esses sonhos em ação?

O sonho que é sonhado em sincronicidade com a voz do coração não tem crença limitante para criar barreiras. Esse sonho tem, com certeza, asas para voar na direção da realização.

Onde tem vida, tem sonho! Pois bem, você está vivendo os seus sonhos ou só está vivendo a vida?

Então, vamos lá fazer uma lista dos seus sonhos.

Escolha cinco deles e numere de 1 a 5 conforme a sua urgência - 1 para o mais urgente.

Depois, vamos colocar em CURTO, MÉDIO e LONGO prazos.

O que você pode fazer agora para esses sonhos começarem a se realizar?
Quem pode ajudá-lo?
Hoje, para mim é uma bênção saber que sonhos podem e devem ser realizados, que muitas vezes os deixamos para trás porque consideramos serem impossíveis de realizar e também porque não passam de apenas sonhos!

Como já mencionei antes, os sonhos são o combustível da vida, assim como comer ou tomar água. A vida gira em torno dos sonhos que temos! A comida que comemos foi plantada por alguém que tem sonhos, alimentados de repente pelo dinheiro que ganha com essa plantação. O que transporta a colheita tem sonhos. Da mesma forma aquele que vende ou o que coloca esse alimento na sacola para levarmos para casa - todos têm sonhos!

Muitas vezes para serem realizados, os sonhos precisam de uma organização financeira. Por exemplo para comprar uma casa, um carro, fazer um curso, uma viagem e tantos outros - só precisam que nós, como sonhadores que somos, escutemos a voz do coração e comecemos a colocar esses nossos sonhos em prática.

Eu acredito em uma vida alinhada e leve - é possível sim, quando conseguimos trilhar o caminho dos nossos sonhos de forma estruturada, para alcançar cada um deles.

Você sabia que os sonhos não morrem? Eles ficam guardados dentro do coração, esperando serem olhados e ouvidos por nós!

Muitas vezes esse sonho não é difícil de realizar. Pelo contrário, mas o abandonamos por causa da opinião de alguém, cuja ideia definiu esse sonho como sendo uma bobagem, uma loucura!

Isso era o ponto de vista dele em relação ao seu sonho! Jamais deixe de sonhar por causa do ponto de vista de outra pessoa.

Na maioria das vezes, os nossos sonhos são apenas nossos. Então, é responsabilidade nossa não os abandonar, porque nos fazem parte, trazem aquele brilho no olhar, as "BORBOLETAS" no estômago, aquele suspiro gostoso de realização. Quando abandonamos os nossos sonhos, abandonamos a nós mesmos e nossa essência.

Os sonhos são fundamentais na vida da gente!

Todo sonho é possível, basta nos colocarmos em ação! Você já pensou que ação precisa fazer para esse sonho se realizar?

Poucas coisas prometem mais felicidade que nossos sonhos realizados. Um dos nossos erros é achar que não somos capazes de realizá-los, e quando não o fizemos, vamos vivendo dia a dia com frustração. O sucesso na realização dos nossos

Desprenda-se

sonhos depende do amor que colocamos neles e não de sorte. Esta, todos nós temos quando sabemos quais são os nossos sonhos e como vamos realizá-los.

Quando estamos buscando um sonho, algumas palavras precisam andar conosco, como calma, empatia e resiliência. Devemos sempre nos olhar de forma amorosa quando algo que planejamos dá errado. Assim, podemos parar, refletir e seguir, com resiliência, para que esse sonho possa transformar-se em realidade.

Desejo a você que siga firme na direção de seus sonhos. O pensamento cria, o desejo atrai, a ação faz acontecer.

Capítulo 9

TFT, uma terapia revolucionária e poderosa para o século XXI

Jailton Alexandrino

Aqui, o leitor vai descobrir o poder da TFT, que é uma técnica eficaz, autoaplicável, segura, não invasiva e sem contraindicações que dará ao praticante o poder de retomar o leme das emoções negativas, permitindo-lhe usufruir do sistema de controle de que a própria natureza faz uso para a cura, a sobrevivência e a evolução.

Jailton Alexandrino

Terapeuta de TFT no nível *Voice Technology* formado pela Callahan Techniques Ltd, Nellysford, Virgínia, EUA, e pelo Instituto TFT Brasil com sede em São Paulo-SP. Terapeuta Holístico formado pelo Instituto Terceira Visão. Bacharel em Direito pela Universidade Estadual da Paraíba – UEPB. Oficial de Justiça do Tribunal de Justiça do Estado da Paraíba, onde exerce a atribuição legal de conciliador das partes em litígio judicial.

Contatos
www.terapeutaTFT.com.br
terapeutaJailton@gmail.com
Instagram: TerapeutadeTFT
Facebook: Terapeuta de TFT Jailton
(83) 99982-5200

> "É obra de Deus esconder as coisas e
> tarefa do homem encontrá-las."
> Francis Bacon

As emoções negativas às vezes nos dominam, sem que saibamos ao certo o que fazer em relação a isso. Elas nos trazem sofrimentos associados ou não a traumas recentes ou distantes.

Em que consiste uma emoção negativa? Nas palavras de Eckhart Tolle (2005), é "uma emoção que é tóxica para o organismo e interfere em seu equilíbrio e funcionamento harmonioso. Medo, ansiedade, raiva, rancor, ódio, tristeza ou antipatia, inveja, ciúme - tudo interrompe o fluxo de energia por meio do corpo, afeta o coração, o sistema imunológico, a digestão, a produção de hormônios, e assim por diante".

Culpa, frustração, fobia, compulsão, estresse, Transtorno Obsessivo Compulsivo (TOC), depressão, constrangimento, vergonha, *Jet Lag*, ódio, rejeição, dor amorosa, Transtorno do Estresse Pós-Traumático (TEPT) e Síndrome do Pânico são apenas algumas de nossas mazelas emocionais.

A lista de transtornos é imensa e quem sofre dos males ditos da alma muitas vezes se sente impotente e finda por se resignar passivamente, pois muitas das abordagens terapêuticas tradicionais são pouco efetivas, muito onerosas e meramente paliativas quando não re-traumatizantes, devido não às técnicas em si, mas à enorme complexidade do ser humano.

Esse panorama de impotência ante as mazelas emocionais perdurou até meados dos anos 80, quando um psicólogo clínico PhD pela Syracuse University, Dr. Roger Callahan, decifrou o código relacionado às emoções e, a partir daí, desenvolveu o que nomeou de Thought Field Therapy (TFT), ou seja, Terapia do Campo do Pensamento.

De fato, as brilhantes descobertas do Dr. Roger, coadjuvado por sua esposa Joanne Callahan, MBA em Administração e Cuidados com a Saúde, permitem a qualquer pessoa retomar o controle de suas emoções e, em minutos, acabar (por exemplo) com uma fobia de muitos anos.

Desprenda-se

Aliás, foi a cura inusitada de uma fobia experimentada desde sempre por Mary, paciente do Dr. Roger, que o fez investigar o fenômeno e desenvolver esse revolucionário método terapêutico.

Com décadas de atuação, Dr. Roger havia lançado mão de todo o seu repertório clínico psicoterapêutico sem conseguir melhora alguma na terrível aversão à água experimentada por Mary. O simples fato de tomar banho poderia se tornar um tormento para ela se a água começasse a cobrir-lhes os pés.

Durante um atendimento, nas proximidades de uma piscina, Mary entrou em pânico com a expectativa de ter que se aproximar da água. Dr. Roger sabia que a fobia de Mary sempre lhe rendia um embrulho no estômago. Conhecedor do sistema de meridianos e ciente de que o meridiano do estômago termina num ponto abaixo do olho (na maçã do rosto), pediu que Mary estimulasse esse ponto com umas batidinhas. Tratava-se de um procedimento em que ele fazia uso da Cinesiologia Aplicada de forma experimental, com o objetivo de desbloquear o fluxo de energia naquele meridiano específico.

Tendo a paciente atendido, subitamente exclamou: "Acabou!", ao que Dr. Roger perguntou: "Acabou o quê?". "O medo da água!" – retrucou Mary, dirigindo-se em direção à piscina, o que deixou o psicólogo preocupado.

Daí a instantes, Mary banhava o rosto alegremente na beira da piscina. Mais tarde, foi à praia e entrou no mar até a água atingir sua cintura, sem qualquer traço do antigo pavor, após dirigir sob uma severa tormenta. Foi uma prova de fogo (ou melhor, de água) para constatar o fim de sua hidrofobia. Hoje, transcorridas mais de quatro décadas, Mary sempre envia cartões de viagens em cruzeiros marítimos para os Callahan. (Dr. Roger faleceu em 2013. Hoje, sua viúva e co-desenvolvedora da técnica, Joanne Callahan é a principal divulgadora da TFT pelo mundo).

Inacreditável? O Dr. Roger também achou. Mas, portador de uma intuição desenvolvida, percebeu que algo muito grandioso havia lhe sido confiado. A partir desse fato, começou a investigar, e o fruto de décadas de pesquisas é hoje conhecido como TFT, terapia que tem se tornado uma verdadeira bênção ao redor do mundo, como mostram as inúmeras pesquisas científicas.[1]

Em Ruanda, por exemplo, um grupo de terapeutas vinculados ao TFT Foundation foi protagonista da paz aos sobreviventes

---

[1] Muitas delas disponíveis em: http://www.tftfoundation.org/research-on-thought-field-therapy

do genocídio ocorrido na década de 1990, conforme documentado no filme *From Trauma to Peace*, disponível no YouTube.

Como funciona a TFT?

Todos os sentimentos associados a emoções negativas são debelados facilmente e em questão de minutos com a TFT. Mas como isso é possível?

A TFT funciona bem porque estimula o sistema de cura que foi aperfeiçoado naturalmente ao longo dos milênios. Trata-se da capacidade espantosa que temos de nos curar física e emocionalmente, *por nós mesmos*. Isso se dá por meio do estímulo de pontos dos meridianos, conhecidos pela milenar Medicina Tradicional Chinesa.

Tais estímulos não são feitos de forma desordenada, pois há um *código* escondido na natureza. O terapeuta de TFT tem a habilidade de descobrir a sequência correta dos pontos a serem estimulados. É como uma chave para abrir o cadeado que mantêm a pessoa aprisionada a um sofrimento. Explico melhor com um *case* de uma das minhas clientes.

As festas juninas se aproximavam na cidade que é conhecida nacionalmente como a sede do maior São João do Mundo. Próximo a Campina Grande (PB), Genilza Camelo, assistente social, entra em pânico quando começa a pensar nos festejos juninos. De fato, Campina Grande nessa época não é o melhor lugar do mundo para quem sofre de uma terrível fobia a fogos de artifício.

Apavorada pelo simples fato de tocar no assunto, a cliente me fala que, quando criança, uma travessura a expusera a fogos de artifício sendo detonados. A bizarra brincadeira lhe rendera um trauma que perdurou até aquele 31 de maio de 2019, data de nosso encontro. Segundo ela, "o período junino sempre foi um dos piores do ano. Enquanto todos estavam ao redor de suas fogueiras confraternizando, eu ficava trancada dentro do quarto com meus ouvidos tampados e a televisão bem alta na tentativa de não ouvir os fogos".[2]

Sob minhas instruções, a cliente lembra o momento traumático, o que lhe traz intenso sofrimento. Ela sua e empalidece. A respiração se torna curta e rápida. As mãos gelam. Seu corpo se contrai. Tudo lhe fala para *lutar ou fugir*. Aproveitando-me do momento de conexão com o passado traumático, identifico em segundos os pontos a serem estimulados e a sequência correta. Demonstro como se faz estimulando os pontos em mim enquanto ela os estimula em si.

---

[2] Veja a íntegra desse depoimento em: https://www.terapeutatft.com.br/p/depoimentos.html

Desprenda-se

Daquele momento em diante, seu rosto se torna corado, a sensação de medo desaparece, a postura corporal demonstra relaxamento, a respiração se normaliza e ela afirma que, agora, ao pensar no evento traumático, de repente não sente mais desconforto algum e, surpresa, passa a enxergar o óbvio que não via: que o acontecimento está no passado.

De fato, lembra-se do fatídico dia com mais detalhes do que antes do tratamento, mas o que era inconcebível há apenas alguns minutos agora é realidade: não sofre mais ao pensar. Digo-lhe que, com o sofrimento do trauma, foi-se também a fobia aos fogos. Ela fica descrente e diz que vai comprovar isso em breve, quando uma procissão religiosa programada para passar em frente a sua casa iria acontecer.

Dias depois, Genilza revela que a procissão, com seus fogos em louvor a Maria, arrancou lágrimas dela e de toda sua família, não pelo ato religioso em si, mas pelo fato de ela estar assistindo, sem nenhum temor, a toda a passeata com seus abundantes e não mais temíveis fogos de artifício.

Um pouco de teoria

Falamos acima de códigos e de sua decodificação. A metáfora do cadeado é oportuna porque uma genial descoberta do Dr. Roger Callahan, que ele chamou de Perturbação (P), permite-nos ver esse conceito como sendo um aspecto sutil, mas claramente *isolável*, do campo do pensamento.

A Perturbação é responsável por desencadear e controlar todas as emoções negativas. É ela que gera e determina as atividades químicas e hormonais bem como as do sistema nervoso, cognitivo e cerebral comumente associadas às emoções negativas. Ela traz uma *informação*[3] ativa porque o sofrimento *toma forma* quando sintonizamos o Campo do Pensamento que contém a Perturbação. Ou seja, a Perturbação é a informação codificada que a TFT decodifica e o faz ao desbloquear o fluxo de energia nos meridianos por meio do estímulo nesses pontos, conhecidos milenarmente pelos orientais, que os utiliza principalmente para a acupuntura. Dessa forma, a TFT pode ser considerada uma espécie de acupuntura emocional sem agulhas.

---

3   No livro *The undivided universe* (1993), p. 38, David Bohm e B. J Hilley afirmam (tradução livre): "O que é crucial aqui é que estamos chamando a atenção para o significado literal da palavra, ou seja, dar forma, colocar ativamente forma em alguma coisa ou imbuir algo com forma".

A decodificação na TFT é feita por meio de um Diagnóstico Causal. Essa diagnose, diferentemente do diagnóstico nosológico, não se utiliza de rótulos previamente estabelecidos para serem adequados à realidade do cliente. Pelo contrário, as características únicas de cada pessoa permitem ao terapeuta descobrir o código individual, exclusivo, embora exista um padrão de códigos, chamados de *algoritmos* no jargão da TFT, que funciona para 80% das pessoas. As que não se beneficiam com essas "receitas" têm 95% de chance de o serem por meio do Diagnóstico Causal.

Outra descoberta fabulosa do Dr. Roger é o fato de que as Perturbações são veiculadas pela voz. Por meio dessa constatação, ele desenvolveu toda uma técnica, chamada *Voice Technology*, que aumentou ainda mais o índice de sucesso da TFT para espantosos 98%.

Como apenas a voz ao vivo é requerida para os testes, o cliente não precisa estar presente fisicamente à sessão, pois as Perturbações podem ser identificadas por meio de uma videochamada, ocasião em que o terapeuta treinado nesse nível faz a diagnose energética de forma rápida e com altíssimo índice de sucesso.

É por isso que os resultados parecem mágicos e miraculosos, deixando descrentes até mesmo quem se beneficia com o tratamento. É que o lado racional do cérebro do cliente (o intelecto) não sabe lidar com algo tão surpreendente, pois não se acostumou a ver problemas aparentemente insolúveis serem resolvidos de forma nada convencional.

Por que traumas e sofrimentos?

Em *Stop the nightmares of trauma*, p. 218, Roger Callahan explica que, segundo a Teoria dos *Campos Morfogenéticos*, de Rupert Sheldrake, os traumas são a forma de que a natureza se utiliza há milênios para nos advertir acerca dos perigos à sobrevivência. A questão que o criador da TFT fórmula é se nós ainda precisamos desses avisos.

Pode parecer ousado o questionamento, mas, de fato, hoje a humanidade conta com meios de comunicação sofisticados, que eram inexistentes quando surgimos na Terra. Esses meios desenvolveram-se numa velocidade exponencial, não dando tempo à natureza de abrir mão das traumáticas advertências.

Com isso em mente, sabemos que temos uma permissão intrínseca da natureza (Divindade, Universo, Criador, Inteligência Suprema etc.) para desintegrar os mais atrozes sofrimentos por meio de procedimentos muito simples. Se assim não fosse, tal conhecimento não nos teria sido legado.

Desprenda-se

Referências

BOHM, David; HILLEY, B. J. *The Undivided Universe*. Ed. Routledge, 1993.

CALLAHAN, Rojer, J.; CALLAHAN, Joanne. *Stop the nightmares of trauma*. Ed. Chapel Hill, 2003.

CALLAHAN, Rojer; J. Tapping. *The Healer Within*. Ed. McGrall Hill, 2001.

_____. *Five Minute Phobia Cure*. Ed. Enterprise, 1985.

SHELDRAKE, Rupert. *A New Science of Life*. Ed.Tarcher, 1981.

_____. *The Presence of the Past*. Edição eletrônica. Ed. Icon Books Ltd., 2011.

TOLLE, Eckhart. *A New Earth: Awakening to your Life's Purpose*. Ed. A Plume Book, 2005.

Capítulo 10

Terapia holística na prática

Karine Briotto

A terapia holística vem crescendo nesses últimos anos, são tratamentos naturais milenares que estão voltando à tona enquanto outras curas estão sendo canalizadas nesta nova era. Mas por que esse movimento está acontecendo? Quais são as influências? Como viver a terapia holística na prática, com bem-estar e autoconhecimento? Vamos entender neste capítulo.

Karine Briotto

Formada em Comunicação Social pela Universidade Anhembi Morumbi, pós-graduada em *Marketing* pelo Mackenzie e University of La Verne, Califórnia. Desenvolvi a carreira em grandes multinacionais e vivi a loucura e a exaustão do mundo corporativo. Comecei a sentir um descontentamento nesse meio, então fui buscar um curso de autoconhecimento em Piracanga, na Bahia. Fiz o curso de Leitura de Aura, Reiki e, mais que isso, me redescobri! Reconectei-me com o que sempre quis fazer e eu achava ser um *hobby*: trabalhar com o bem-estar das pessoas como um todo. Encontrado meu propósito, decidi estudar, experimentar outras culturas e formas de cura natural. Fui para a Austrália estudar Ayurveda, Ioga, Barras de Access® e fiz o mestrado em Reiki. Estudei Sound Healing na Indonésia e Cristaloterapia na Tailândia e Austrália. Atualmente, atendo em São Paulo.

Contatos
www.kazen-terapiaholistica.com
karinebriotto@gmail.com
Instagram: ka.zen_
(11) 95989-3011

Karine Briotto

Já repararam como as pessoas estão mais preocupadas com a saúde emocional atualmente? Cada vez mais vem se falando sobre autoconhecimento, bem-estar, conexão com a natureza e terapias naturais.

Atravessamos um período de revolução industrial, onde tudo era voltado ao consumo, ao trabalho exaustivo e a consumir cada vez mais para suprir uma necessidade. E para consumir mais, tinha que trabalhar mais, e isso virou uma onda cíclica de poder e ter. Faltava algo e aquilo tudo era confundido com bens materiais, então, para ter mais reconhecimento, tinha que ter o melhor carro, frequentar os melhores restaurantes e morar nos melhores bairros.

Quando eu atuava no mundo corporativo, havia muita cobrança sobre coisas que iam além do lado profissional. Lembro que fui debochada por uma diretora por nunca ter frequentado um restaurante caríssimo da época, outra vez, ao dar carona para um gerente para irmos a uma reunião, fui questionada sobre não ter ar-condicionado no carro. Eu não via sentido pagar uma fortuna para comer um prato de salada simplesmente para dizer que fui a determinado lugar. Eu não gostava de ar condicionado. Esses são alguns exemplos simples e aleatórios, porém aconteciam frequentemente. E sem ao menos perceber essa incoerência, comprei um carro com ar-condicionado. Mudei a forma de me vestir. Passei a frequentar restaurantes caros. Apesar de não me importar com isso, incorporei o modelo cobrado pela massa. Isso para mim não durou muito porque a insatisfação e a depressão manifestaram-se junto.

Por que eu tinha que ser melhor do que os outros? Por que as pessoas se comparavam o tempo todo? Por que eu deixei de ter vida pessoal para estar a serviço de uma multinacional que só enriquecia os grandes? Por que eu havia esquecido de mim? Eu não sabia responder. Só sabia que eu não me identificava com mais nada, nem comigo mesma. Eu estava perdida.

Mas por que eu estou dizendo isso? Porque sei que muitos de vocês que estão lendo já se identificaram com isso, estão se identificando ou ainda vão se identificar. Aquela era do "ter" para mostrar aos outros quem se "é" está chegando ao fim. Não importa mais a sua profissão, bairro onde mora, lugares que frequenta, mas sim o caráter, a forma de ver o mundo e tratar as pessoas.

Desprenda-se

Esse período adoeceu muita gente. Sem tempo para si e para a família. Muito estresse e cobranças. Sem compreensão de si mesmo. O corpo colapsou. A depressão passou a ser algo comum, dores de cabeça, síndromes do pânico, crises de ansiedade. Consumia-se muitos medicamentos. Depois tinham que tratar sintomas que apareciam por causa dos efeitos colaterais e assim seguia esse ciclo. Ninguém mais se olhava, andavam pelas ruas com tanta pressa que mal sabiam o que estava ao redor.

Com esse movimento, muitas pessoas passaram a se questionar se isso realmente fazia sentido, se importar tanto com os outros e não dar ouvidos a si próprio. O cuidado com o corpo, mente e espírito passou a ser falado mais abertamente, sem os tabus do misticismo. A ciência começou a se aprofundar mais nessas questões. E as terapias naturais milenares voltaram a agir com mais afinco, como o Reiki e a Ioga.

O universo e os seres humanos

Nós fazemos parte do universo e aos poucos estamos retomando essa conexão. Sem a separação de que somos apenas corpo físico, mental ou espiritual. Estamos mais conscientes de que o planeta está passando por uma mudança para uma frequência mais elevada. O nosso planeta é um sistema de energia que está em movimento, então todos que residem dentro de seu campo de energia também vão experimentar esse realinhamento.

Já que somos parte do universo, é de grande valia entendermos o movimento pelo qual o universo está passando e nos afetando diretamente. Podemos observar muitas mudanças em nós. É tanta informação chegando de todos os lados que não dá tempo de digerir, e ficamos cansados por esse excesso o tempo todo – isso é a Era de Aquário.

Na Era de Aquário, estamos recebendo muitas informações do cosmos e há entrada de muita luz para a ascensão do nosso planeta. Estamos saindo da terceira dimensão para a quinta dimensão, onde seremos mais conectados com a nossa essência pura. Com esse movimento podemos nos sentir desorientados, por conta dessa nova frequência energética de luz. Por exemplo, imagine que você passou anos num quarto escuro e de olhos vendados – quando abrirem as janelas e tirarem a venda, aquela luz intensa chegando deixará você completamente desorientado. Assim estão muitos de nós. Entrou tanta luz que estamos em fase de adaptação dessa nova energia. Alguns sintomas comuns de quem sente essa ascensão são cansaço, dores de cabeça, mudança no padrão de sono, ondas de emoção mais afloradas, confusão mental e emocional, sensação de sentir-se diferente dos outros, vontade de querer estar mais perto da natureza etc.

Coincidentemente, em meio a esse despertar, os tratamentos naturais vieram à tona. Técnicas e ferramentas da terapia holística estão difundindo-se rapidamente para auxiliar a humanidade neste momento de luz. E para nos sintonizarmos a essa nova frequência de forma sutil, temos que nos atentar a alguns padrões que já não ressoam mais nesta nova era.

Terapia holística

A terapia holística trata as pessoas como um todo e em todos os aspectos, físico, emocional, espiritual e mental. O terapeuta holístico vai olhar e tratar todos os âmbitos de cada pessoa, individualmente, se concentrando não apenas nos sintomas, mas também nas causas que afligem naquele momento.

Quando damos a conotação do pilar espiritual, é comum as pessoas confundirem com alguma crença religiosa ou algum conceito de religião. Porém, é importante ressaltar que a terapia holística não está relacionada a nenhum tipo de religião. A terapia holística trabalha os corpos sutis e os centros energéticos que fazem parte dos seres humanos.

O mecanismo do nosso corpo é sagrado em todas as camadas que nos cercam. Citarei de forma rápida o funcionamento das nossas camadas sutis. Porque acredito que sem essa base fica mais difícil entender como as técnicas, terapias e ferramentas de cura podem trazer realmente à tona o melhor de você.

Nós temos sete camadas de corpos sutis que são representadas em energias e fluidos, esses corpos são a manifestação da nossa consciência, quando entra em contato com o mundo exterior. Isso explica por que o mental, emocional, psíquico e espiritual se encontram retratados no nosso corpo físico. Os corpos sutis são: Corpo Físico, Corpo Etérico, Corpo Astral, Corpo Mental Inferior, Corpo Mental Superior, Corpo Búdico e Corpo Átmico.

É por meio dos corpos sutis que é estabelecida a saúde, a memória, a sensibilidade, o raciocínio, a criatividade e novas ideias. Um desequilíbrio só é manifestado no corpo físico quando um dos outros corpos está em desarmonia.

Por sermos parte do todo, da natureza, do universo e das energias que nos cercam, todo esse combo contribui para a nossa qualidade de vida ou não. Por isso é de extrema importância estarmos atentos aos nossos pensamentos e as nossas ações.

Desprenda-se

Temos três grandes poderes: pensar, sentir e agir. Tudo que a gente pensa, sente e faz pode colaborar ou não com esse movimento de luz. Precisamos nos abrir para o novo, sem a dualidade do certo e errado, bonito e feio, que só existe um caminho para a luz. Se continuarmos na vibração negativa de reclamar não vamos conseguir habitar a nova era, porque as frequências são diferentes.

A maior parte das terapias holísticas trabalha o mesmo foco central: a harmonização do campo energético, físico e emocional. Os benefícios são semelhantes em diversas formas de tratamento, o que vai auxiliar na busca do tratamento adequado é sentir qual energia ressoa melhor no seu campo vibracional. Os exemplos de terapias que serão citados abaixo são, em suma, para harmonizar o ser humano como um todo, além de promover curas, alívios para dores, redução do estresse e dos sintomas de depressão, insônia e ansiedade, auxiliam no processo de liberação de emoções, ativam o sistema imunológico e trazem clareza mental e espiritual, autoconhecimento, relaxamento profundo etc.

Não é possível listar todos os benefícios oferecidos durante uma sessão de terapia holística com essas técnicas, porque isso vai de acordo com a necessidade de cada ser e esse detalhe na terapia holística é muito respeitado, visto de uma forma única e individual.

Reiki

O *Reiki* é uma técnica milenar que trabalha os níveis emocional, mental e espiritual. É a transmissão da energia vital do universo por meio de imposição de mãos.

Sound Healing

O *Sound Healing* vem sendo utilizado há milhares de anos em várias culturas como ferramenta de cura. O ser humano é um ser vibracional por natureza e a vibração sonora flui para dentro do corpo, que facilita mudanças nas ondas cerebrais, na estrutura, células e órgãos, trazendo o estado vibracional harmonioso.

Cristaloterapia

A Cristaloterapia é uma ferramenta para curar dores emocionais e físicas por meio dos cristais. As propriedades químicas e físicas dos cristais equilibram o campo energético do corpo de forma harmônica. Quando o cristal entra em contato com o sistema energético da pessoa, ele entra em ressonância com esse sistema e equilibra toda a energia necessária.

Barras de Access®

Barras de Access® é uma terapia corporal que permite que você e o seu corpo comecem a se desprender dos pensamentos, ideias, condicionamentos, emoções, atitudes e crenças limitantes que você tenha registrado sobre quaisquer situações ou experiências. São 32 pontos na cabeça onde estão armazenados todos os pensamentos e ideias. Quando as barras são ativadas, é como se apertássemos a tecla "delete" do computador, apagando esses condicionamentos que não nos servem mais.

Leitura de Aura

A Leitura de Aura é uma profunda ferramenta de autoconhecimento. Nessa terapia, captamos informações na aura que são importantes para o processo de crescimento e transformação da pessoa que está sendo lida. Quando faço a leitura da aura de uma pessoa, estou lendo o seu estado interior, suas emoções, pensamentos, ações e potenciais. A Leitura de Aura traz ao consciente o que está no inconsciente, facilitando a compreensão e o desbloqueio de problemas, padrões de comportamento, crenças e programas limitantes. Durante a leitura, também acontece uma limpeza energética profunda.

Posso falar com propriedade sobre essas ferramentas, pois trabalho diariamente com elas em meu consultório. É incrível acompanhar os resultados transformadores da terapia holística nas pessoas. Durante as sessões, acontecem limpezas profundas, harmonização e revitalização dos corpos sutis. A terapia holística é o caminho, a ajuda para esse despertar de nova frequência energética, mas manter-se em equilíbrio depende pura e simplesmente de cada um de nós.

Vou passar algumas dicas práticas que podem ser aplicadas no dia a dia para que você consiga manter a frequência elevada.

- Cuide do seu campo energético e selecione as pessoas que estão ao seu redor. Sei que muitas vezes é difícil selecionar as pessoas que estão ao nosso lado, principalmente dentro do ambiente de trabalho. Porém, é importante reconhecer aquelas pessoas que reclamam e manter-se o mais distante possível para o seu equilíbrio emocional.
- Atenção aos seus pensamentos. Se sentir que está mantendo padrões de pensamento negativo, reclamando o tempo todo,

Desprenda-se

respire fundo e troque os pensamentos negativos colocando três pontos positivos para aquela mesma situação. Sei que no começo pode parecer difícil, mas com o tempo você irá se habituar com esse novo padrão de pensamento mais saudável.

- Agradeça. No final do dia, escreva tudo a que foi grato, cada conversa esclarecedora, cada olhar acolhedor, o que seu olhar observou naquele dia e fez você conectar com sensações boas. Agradecendo, você vai emanar para o universo mais do que quer receber.
- Busque o autoconhecimento. Comece a dar mais atenção aos seus sentimentos, emoções e corpo. Observe cada detalhe. Eles indicam a você o que está precisando de cura ou reconexão.
- Assuma a autorresponsabilidade. Não somos vítimas de circunstância alguma, ninguém nos faz mal se não permitirmos. É hora de sair do julgamento e perceber como trouxemos as situações para a nossa evolução e aprendizado.
- Perdoe. Perdoe a si mesmo. Perdoe o próximo. Perdoe as situações. Entendo o quanto é desafiador perdoar, porém a libertação do perdão é para nós mesmos, não para o outro.
- Medite. Aquiete sua mente para estar preparado para os acontecimentos diários. A meditação faz com que nos observemos melhor, nos conecta ao autoconhecimento e nos prepara para lidar com as mais diversas situações.
- Pratique atividade física. Movimente seu corpo. Dance. Corra. Expresse-se. Sinta esse templo sagrado que nos é dado e todo o movimento possível que podemos atingir com ele.

Perceba o quanto é incrível estar vivendo no momento de transição planetária, seja grato a isso. Aproveite os milhares de caminhos e ferramentas disponíveis para aprender a vibrar no amor incondicional, na gratidão, na alegria e na fraternidade. Vivencie essa luz que você é e viva a terapia holística na prática.

Capítulo 11

As Barras de Access podem de fato transformar a vida de uma pessoa?

Kátia Ferreira

Como mudar padrões de comportamento, por meio do uso de técnicas que possibilitam uma vida com mais facilidade, alegria e glória? Neste capítulo, compartilho parte das profundas transformações vivenciadas a partir do conhecimento e uso das Barras de Access em minha vida diária.

Kátia Ferreira

Fundadora da Expandis Terapias Holísticas Integradas, sediada em Belo Horizonte (MG). *Practitioner* e Facilitadora dos cursos de Barras de Access Consciousness® e Facelift Energético®. Terapeuta especializada em Thetahealing, Constelação Familiar, Reiki e Processos Corporais de Access Consciousness®. Advogada com 20 anos de experiência.

Contatos
www.terapiasexpandis.com.br
katiarferreira@gmail.com
Facebook: @terapiasexpandis
Instagram: @terapiasexpandis
(31) 99906-4205

Kátia Ferreira

Você tem a sensação de que a vida não é fácil e que por vezes chega a parecer quase impossível seguir adiante? Por anos a fio me senti assim, perdida e angustiada. Percebia essas sensações e as acolhia como minhas, reais e verdadeiras. E quando assistia à TV, tinha certeza de que era isso mesmo, tudo muito difícil.

Até que me apareceram alguns loucos falando que tudo era possível, que bastava estar alinhada ao *tempo divino*, ao *propósito* de vida, que *tudo viria a mim com facilidade, alegria e glória*.

No início, tudo aquilo parecia uma insanidade para minha cabeça recheada de medos e crenças limitantes. Naquela época, me encontrava em tratamento psiquiátrico e tomava medicamentos controlados, como dizem por aí, um para dormir e um para acordar.

Mas o problema, ou a solução, era que essas pessoas falavam com tanta certeza que começaram a contaminar meu íntimo com esse vírus maluco. Comecei a achar que tudo era possível mesmo e a correr riscos que jamais me permitiria antes de conhecer esse mundo novo que me foi apresentado pelas terapias holísticas.

Um dia, uma amiga disse que eu estava muito esquisita. Fiquei extremamente feliz com isso! Estava começando minha mudança de dentro para fora e me sentia muito bem. Não me importava nem um pouco com o fato de as pessoas estarem me achando esquisita.

Então, em algum lugar no meu íntimo, vinha uma voz que dizia: "Calma, você não pode se arriscar tanto, o mundo é um lugar perigoso e você pode se machucar bastante".

Era o conflito entre minhas crenças limitantes e o poder que começava a aflorar em mim. Inclusive, o *Louco* que mais me inspirou nessa caminhada um dia me disse: *floresça...*

Desde então, venho me permitindo florescer com muita facilidade, alegria e glória, com a ajuda de terapias como as Barras de Access, o Thetahealing e a Constelação Familiar. Já não preciso de muletas como medicamentos controlados.

Desprenda-se

As Barras de Access

Essa técnica maravilhosa surgiu nos Estados Unidos, por volta do ano de 1990, quando o psicólogo e vidente Gary Douglas, farto da realidade limitada em que vivia, começou a fazer perguntas ao universo.

Ele perguntou: *"O que eu posso ser, fazer, ter, criar ou gerar que tornaria minha vida e o mundo um lugar melhor? O que eu posso perceber, saber e ser que faria a vida valer a pena? Como eu gostaria que fosse a minha vida?"*.

E daí seu poder começou a aumentar e ele recebeu em uma sessão com um massoterapeuta a canalização dos 32 pontos energéticos que temos em volta da cabeça e hoje chamamos Barras de Access.

Uma sessão de Barras pode durar de 30 a 90 minutos, em média, mas nesse universo não há regras. Pergunte ao corpo do seu cliente, é o que ouvimos o tempo todo nos cursos e vivências sobre o tema.

Colocamos as mãos em pontos específicos da cabeça do nosso cliente e ativamos diversas energias que vão limpar crenças limitantes e padrões repetitivos sobre alegria, tristeza, envelhecimento, cura de doenças físicas e emocionais, dinheiro, forma e estrutura que escolhemos viver, dentre outras coisas que, na prática, podem verdadeiramente mudar a vida de qualquer pessoa.

Receber uma sessão de Barras de Access equivale a apagar programas obsoletos de um computador que não está mais funcionando bem. Deletamos aquilo que não serve mais ou está em conflito com nossa forma de vida atual e abrimos espaço para novas escolhas, que irão fazer com que nossa vida funcione de modo mais eficiente e prazeroso.

A média de sessões recomendadas para ativar essas energias e realizar essa limpeza no nosso *mindset* é de no mínimo dez, mas a transformação pode acontecer com uma, três, dez ou vinte sessões.

Há estudos científicos sérios que demonstram que uma sessão de Barras de Access equivale a acessar estados profundos de meditação, além de promover melhora no funcionamento dos órgãos e desintoxicação das células.

O neurocientista, PhD Dr. Jeffrey L. Fannin, realizou uma pesquisa divulgada em 2015 na qual observou o comportamento das ondas cerebrais humanas antes e depois de uma sessão de Barras de Access.

Dr. Fannin utilizou aparelhos de eletroencefalogramas e percebeu que durante uma sessão de Barras de Access ocorre uma diminuição significativa da atividade cerebral do cliente, semelhante àquela experimentada por praticantes de meditação avançada.

Naquele mesmo ano, Lisa Cooney, doutora em Psicologia, também divulgou uma pesquisa utilizando técnicas de Termometria, na qual houve clara demonstração das mudanças fisiológicas e neurológicas ocorridas nos clientes após uma sessão de Barras de Access.

No estudo da Dra. Cooney, foi observada a desintoxicação do corpo e a melhora do sistema imunológico e circulatório, entre outros benefícios físicos e emocionais.

Tais pesquisas demonstram que a terapia de Barras de Access traz uma série de benefícios ao corpo e à mente humana. O cliente que passa por sessões de Barras percebe significativa melhora em quadros de ansiedade, insônia, irritação, depressão, obesidade, vícios e compulsões.

Uma filosofia de vida

E não é só isso, na prática, entendo as Barras de Access e o Access Consciouness (Instituto criado por Gary Douglas) como uma filosofia de vida. O objetivo principal é a expansão da consciência, mas o que seria isso exatamente?

O lema do Access Consciouness é: "Empoderando as pessoas a saberem o que já sabem".

No mundo das terapias holísticas é comum ouvir que somos seres espirituais vivendo uma experiência humana. Seguindo essa linha de pensamento, podemos concluir que possuímos uma extensa bagagem de conhecimentos em nosso íntimo. E na condição de seres espirituais, sendo parte da divindade e tendo a centelha divina dentro de nós, basta acessar todo esse saber.

A grande questão é como fazer isso. Nesse ponto, as Barras de Access são uma enorme contribuição, já que se apresentam como excelente ferramenta para a expansão da consciência.

Em uma humanidade com a consciência expandida, passamos a perceber o todo e o próximo como extensão de nós mesmos. Nesse lugar não há espaço para maldade, julgamento ou qualquer tipo de atrocidade, como as que observamos hoje no mundo em que vivemos.

O Access nos convida a sermos seres infinitos, dotados de amplas possibilidades de escolha e total permissão para receber e acessar todas as mágicas do universo.

Desprenda-se

São várias ferramentas que passamos a utilizar quando entramos nesse mundo novo. Uma delas é o livre-arbítrio em todas as situações. Aprendemos a destruir e "descriar" toda essa realidade que não está mais funcionando para nós.

Ao destruir e "descriar" o que não nos serve mais, acessamos uma nova realidade, uma energia diferente. Passamos a viver a partir da nossa verdadeira potência, criando os nossos próprios milagres e acessando uma energia de infinitas possibilidades. Essa energia passa a ser criada e recriada por meio da nossa essência de Ser Infinito.

Com essa nova consciência, passamos a distinguir com mais facilidade o que é leve, verdadeiro e glorioso para nossas vidas. Por outro lado, também aprendemos a perceber o que é pesado, e por meio do poder de escolha e do livre-arbítrio observamos que, se esse peso não contribui mais para nossa realidade, podemos simplesmente abrir mão dessa energia.

E para que isso se torne possível, o Access nos ensina a ficar na pergunta. Não buscar ou ser a resposta, ao contrário, apenas perguntar, estar sempre na pergunta. E desse lugar passar a escolher e nos permitir receber sempre, sem qualquer julgamento.

O infinito poder das perguntas

Viver na pergunta implica abrir mão de conclusões, pois estas impõem limitação, definem situações e geram estagnação. Ao contrário disso, a pergunta ilumina todos os lugares onde escolhemos não ter escolha e nos tira do trauma e do drama que nos acostumamos a viver.

No início soa bem estranho. Vivemos em busca de respostas e aí nos dizem para viver na pergunta. A sensação inicial é de insegurança e incerteza, sob a ótica negativa dessas palavras.

Mas aí está a grande questão. Quando nos permitimos ficar na pergunta e escolher sem julgamento, abre-se à nossa frente um universo de imensas possibilidades. Tudo é possível e não há certo ou errado, apenas um interessante ponto de vista.

Essa é outra ferramenta que aprendemos no Access, o *interessante ponto de vista*. Quando nos colocamos na proposta de não julgar nada e ninguém, passamos a enxergar tudo isso com mais clareza. O que de início parecia muito ruim, no momento em que se retira o julgamento, nada mais é que um interessante ponto de vista.

Não sabemos o que aconteceu antes daquela situação se apresentar. Não vivemos a história do outro, por mais próximo que ele esteja de nós. Coração é terra de ninguém e, muitas vezes, nem a própria pessoa entende os motivos pelos quais tomou determinadas atitudes.

Uma questão crucial sobre o julgamento é a conscientização que o Access nos traz sobre a crueldade do autojulgamento. Se pararmos para observar, enquanto não adquirimos consciência nos julgamos o tempo inteiro e nos diminuímos, culpamos e condenamos pelos piores crimes. E, na maior parte dos casos, nada daquilo aconteceu como imaginamos, apenas criamos um monstro de trauma, drama e julgamento.

Então, quando saímos desse lugar e expandimos nossa consciência, abrimos espaço para que o interessante ponto de vista apareça e deixamos de ver apenas o lado mais óbvio da história. Então, não há certo nem errado, bom nem mau, e a vida pode ser encarada com mais leveza.

O mantra de Access: "Tudo na vida vem a mim com facilidade, alegria e glória".

Se você passa a repetir essa frase poderosa várias vezes ao dia, poderá ter a audácia de crer verdadeiramente nisso e viver nesse lugar de pura facilidade, alegria e glória.

E tudo passa a ser uma enorme diversão. Access é isso: pura diversão. Então, aparece aquele amigo que ainda não possui a consciência expandida e julga você até o último fio de cabelo. E está tudo bem. O julgamento é dele, não pertence a você.

O fundador do Access Consciousness, Gary Douglas, e seu parceiro, Dr. Dain Heer, nos convidam ainda a viver em incrementos de dez segundos. A princípio, não conseguimos nem imaginar o que seja isso.

Mas aos poucos vamos entendendo. A ideia é viver a plenitude, o momento presente, com toda a energia disponível ali. Passados dez segundos, podemos fazer novas escolhas e assim escolher e receber do universo e de todos à nossa volta o tempo todo.

O que vai acontecer depois, isso realmente fica para depois. É uma forma nova de viver a atenção plena e os princípios da Lei do Distanciamento, no meu interessante ponto de vista.

Tudo isso nos diz sobre entrega, fé e confiança. É sobre acreditar que tudo vai dar certo no final. Consiste em desapegar-se do resultado almejado, do controle das coisas. Essa atitude é extremamente poderosa.

Viver em incrementos de dez segundos nos faz abrir mão do

Desprenda-se

apego, que nada mais é que insegurança. Essa forma diferente de perceber a vida nos livra da ansiedade, da sensação de impotência e vazio. É no campo da incerteza e das infinitas possibilidades que mora a fluidez, a criatividade e a espontaneidade.

Em incrementos de dez segundos, aproveitamos todas as oportunidades que nos surgem, inclusive aquelas que aparecem em meio ao caos. Se estivermos longe do julgamento somos capazes de passar por todos os desafios da vida sem racionalizar sobre eles e sem perder as infinitas possibilidades que cada momento nos proporciona.

Assentados na sabedoria da incerteza, vivendo em incrementos de dez segundos, permanecemos em estado de prontidão, livres para receber e escolher qualquer caminho que se apresente. E é nesses momentos que aparecem as melhores oportunidades.

O Access também nos ensina a dispensar toda a energia que não seja contribuição para nossas vidas. Quando deixamos de acolher como nosso o que é do outro, seja sua energia, seu problema ou seu ponto de vista sobre qualquer situação, passamos de fato a contribuir para a melhora do mundo.

Não queira carregar a ideia do outro, o sofrimento do outro, a maledicência do outro. Você é um ser infinito e ele também, mas essa descoberta é de cada um. Viva sua descoberta. Isso vai criar tanta expansão que irá contaminar tudo e todos à sua volta.

É por tudo isso que encontrar e viver a filosofia das Barras de Access é libertador. Se você leu até aqui, fico feliz, mas asseguro que nada substitui a experiência de receber uma sessão de Barras de Access.

Procure um praticante ou facilitador certificado na sua cidade, busque compreender melhor essa filosofia, acesse o site www.accessconsciousness.com, leia livros sobre o assunto. Recomendo, em especial, o livro *Sendo você, mudando o mundo*, do Dr. Dain Heer.

E tem mais uma coisa importante: para acessar esse lugar do ser infinito, você precisa estar disposto a sair de todo e qualquer julgamento. O Access Consciousness foi criado para pessoas corajosas.

Não fique só na teoria, venha conhecer e se permita receber essa energia e viver com facilidade, alegria e glória.

Referência

HEER, Dain. *Sendo você, mudando o mundo*. Access Consciousness Publishing, 2015.

Capítulo 12

A assertividade que liberta!

Larissa dos Santos Prieto Esteves

Somos responsáveis por aquilo que permitimos que outras pessoas façam com a gente, de alguma maneira, seja ela indireta ou diretamente. Tome consciência do poder do "não" e que o "sim" é uma falsa ideia de ser assertivo, na verdade ele nos torna reféns da situação e de pessoas. Aprenda a se respeitar e use o "não" como a chave para sair de sua prisão, use essa chave e...

Larissa dos Santos Prieto Esteves

Psicóloga clínica e neuropsicológica, formada em Psicologia pela Universidade Nove de Julho, desde 2016. Pós-graduada em Neuropsicologia pela Faculdade Israelita de Ciências da Saúde Albert Einstein. Cursou extensão universitária em atendimento psicológico domiciliar pela Pontifícia Universidade Católica de São Paulo (PUC-SP). Fez capacitação em Diagnóstico Psicológico Infantil, Ludoterapia e Orientação de Pais, Recrutamento, Seleção, Treinamento e Acompanhamento de Pessoal, Cirurgia Bariátrica e o Manejo Psicológico, Orientação Profissional, Diagnóstico Psicológico e Psicoterapia e Tanatologia, pelo Centro de Estudos Avançados de Psicologia (Ciclo CEAP). Atualmente é aluna de Neuropsicologia da Faculdade de Medicina da Universidade de São Paulo (FMUSP).

Contatos
psico.esteves@gmail.com
Instagram: psico.esteves

Certa vez me disseram: "Não sou eu que 'te' prende, é você! Você sempre vai viver em uma prisão, porque você é a prisão" (sic). O objetivo da pessoa era me magoar, mas mal sabia que estava me dando a coisa mais valiosa que alguém pode ter, a *consciência* de que eu era responsável pelo que permito que façam comigo.

Essa foi minha chave para a liberdade, que ajudou a me desprender do que me fazia mal. Nós mesmos permitimos que nos amarrem em algumas prisões mentais. Agora, convido-o para uma leitura que fará você ficar consciente sobre quais são essas prisões e o que podemos fazer para nos desprender e ter uma vida mental mais saudável.

O que é prisão mental?

É tudo aquilo que faz você sentir-se limitado, preso, fechado e que o restringe. Podem ser coisas, pessoas, hábitos de vida, vícios etc.

Quando somos presos?

- Quando estamos presos a coisas que acumulamos, quando nos apegamos emocionalmente e não conseguimos doar, jogar fora ou vender, por medo que um dia possamos precisar;
- Quando focamos em emoções e pensamentos negativos como medo, cobranças, perfeccionismo, rancor, mágoa, inveja, ansiedade, pessimismo, vergonha, raiva, entre outros;
- Quando não somos assertivos nos relacionamentos, quando não sabemos expor nossas vontades, quando não conseguimos dizer "não", quando nos colocamos em situações que não queremos só para agradar ao outro, seja em relacionamentos afetivos, sociais, amizades ou com famílias e parentes;

Essas são apenas algumas prisões mentais.
Neste capítulo, o tema é a prisão mental, emocional e física

Desprenda-se

mais frequente entre as pessoas, a prisão do "dizer 'sim' quando na verdade queremos dizer 'não'". Ficamos presos mentalmente quando não conseguimos pensar em outra coisa a não ser a culpa que sentimos por não ter conseguido dizer ou fazer o que queríamos. Emocionalmente, quando ficamos decepcionados, tristes, magoados e/ou com sentimentos negativos sobre nós mesmos. Fisicamente, quando estamos com pessoas, situações e relacionamentos que não queríamos, mas não conseguimos dizer o que queremos. Antes, responda às questões abaixo de como você se comportaria em situações do dia a dia:

1. Você pede um refrigerante zero açúcar e o garçom entrega o tradicional, o que você faz?
2. Seu cônjuge diz que não gostaria que você saísse com os amigos, o que você faria?
3. Seu chefe quer que você fique até mais tarde no trabalho, mas é aniversário dos seus filhos, o que você faz?
4. Você está fazendo um trabalho em grupo e percebe que algumas pessoas não estão interessadas, e está sobrecarregando fazer a parte deles, o que você faz?

Por que dizemos "sim" quando queremos dizer "não"?

Sempre nos deparamos com situações que precisamos escolher, mas muitas vezes não fazemos as escolhas que queremos. Por quê? Para não magoar ou decepcionar? Para ser aceito? Para ser amado?

São pensamentos como esses que fazem com que digamos "sim" em vez de dizer "não". Porém, depois esperamos do outro que ele pense em nós como pensamos nele, mas muitas vezes não é recíproco, e daí vem a frustração e pensamentos como: nada do que eu faço é valorizado, nunca serei valorizado, se não se importam, na verdade não gostam de mim, não tenho valor, as pessoas sempre me decepcionam, não posso confiar em ninguém e ninguém liga para o que eu sinto.

O que faz com que pessoas tenham esses pensamentos são suas crenças. Crença é tudo que acreditamos ser verdade, mesmo que não seja, por exemplo:

Uma criança vai até a mãe mostrar seu desenho, porém a mãe está com panelas no fogo e fazendo muitas coisas ao mesmo tempo, então ela diz ao filho: "Eu já vejo, agora não dá, vá brincar".

Algumas crianças iriam assistir à televisão ou brincar, mas podem achar que a mãe não quer ver, que seu desenho não tem valor, e se sentem mal, nesse momento a criança pode criar uma crença de desvalor, desamparo ou desamor. E quando crescer, pode se sabotar com pensamentos sobre si, fazendo com que no momento no qual não tiver a aprovação idealizada, a crença central se confirme.

Enquanto não tivermos consciência das nossas crenças centrais sobre nós, iremos deixá-las comandar nossos pensamentos e comportamentos, e chamaremos de destino.

Assim como nossas crenças são criadas por meio do que vivemos, nossa comunicação também, se tivermos experiências ruins quando falamos o que queremos ou falamos "não", as chances de falarmos de novo é bem menor. A consequência de não falar o que queremos nos deixa presos, com pessoas tóxicas, situações desagradáveis, pensamentos negativos autodestrutivos e até comprar algo que não precisamos.

A comunicação é a chave da nossa prisão!

Todos temos formas de comunicação, que foram aprendidas e modificadas pelos meios que vivemos – casa, escola e amigos, entre outros. Contudo, elas não são rígidas e cristalizadas, não é a verdade absoluta sobre nós, são apenas maneiras adaptativas que tivemos que aprender, elas podem apontar situações que você já viveu, mas não podem afirmar que será sempre assim, afinal, as formas de comunicação podem ser modificadas e aprendidas.

Antes de trabalhar as técnicas de comunicação, é importante que entenda o que faz você ter a sua atual forma de se comunicar, para isso faça as seguintes perguntas:

- Por que não consigo expressar o que sinto?
- O que acho que irá acontecer se eu disser o que quero?
- Qual reação do outro que tenho medo?
- O que de pior pode acontecer se eu disser o que quero?

Quando a maioria dessas suas respostas for negativa, esperando o pior da situação, use algumas perguntas para tentar flexibilizar seu pensamento, como: quais evidências confirmam o meu pensamento? Quais as evidências de que meu pensamento não é verdadeiro? Qual a pior coisa que poderia acontecer? Se acontecesse, como eu poderia enfrentar? O que de melhor poderia acontecer? Que conselho eu daria para uma pessoa que estivesse passando por isso? Qual a pior coisa que poderia acontecer? O que eu quero fazer?

Um dos aspectos da comunicação é a assertividade, considerada também uma habilidade social. Para sermos assertivos é essencial treinar outros aspectos da comunicação, como por exemplo a escuta ativa, que é conseguir ouvir, interpretar e compreender a outra pessoa por meio da linguagem verbal e não verbal (gestos

e comportamento). Quando utilizamos essa ferramenta, fazemos com que a pessoa se sinta acolhida e não fique na defensiva. Nessa técnica é fundamental:
- Apresentar interesse sobre o assunto que está sendo discutido;
- Não julgar, seja por meio de gestos, de comentários ofensivos, sarcásticos ou que demonstrem indiferença;
- Não se distrair e ter foco no que a pessoa está dizendo, mantenha contato visual;
- Faça perguntas, ou repita o que a pessoa disse, porém com palavras diferentes, isso mostra que você está interessado no assunto e consegue conferir se compreendeu o que ela quis dizer;
- Seja empático, por mais que você nunca tenha passado pelas mesmas situações, entenda que aqueles sentimentos são reais para a pessoa, não invalide com comentários do tipo "isso passa", "será que não está exagerando", "isso não é tão importante assim", "só por isso?", "já, já, passa", entre outros.

Como trabalhar a assertividade?

Para compreendermos melhor o que é assertividade, vou usar a seguinte situação: você vai a um restaurante e pede um refrigerante zero açúcar, mas o garçom traz o tradicional. Há quatro maneiras prováveis de se comportar nessa situação, são elas:
- **Passivo**: você aceita o refrigerante tradicional e que contém açúcar, sabe que vai passar mal, mas mesmo assim toma, fica remoendo a situação, sente raiva de si por aceitar, e mesmo que passe dias, ainda se incomoda quando lembra.
- **Agressivo**: não aceita o refrigerante e xinga o garçom, faz comentários ofensivos, aumentando o tom de voz. As pessoas das mesas ao lado podem ficar incomodadas com sua atitude e se intrometerem na discussão, fazendo com que você se sinta mal em continuar no estabelecimento.
- **Passivo-agressivo**: você aceita o refrigerante, mas se sente extremamente incomodada, não consegue falar, então você diz a si mesma que nunca mais volta àquele estabelecimento. Internamente, isso faz você sentir que deu o troco.
- **Assertivo**: você diz ao garçom que seu pedido veio errado e que gostaria de trocar, pois não pode tomar o tradicional por restrições pessoais. Isso faz com que dê a chance de o garçom perceber o erro e reparar.

No quadro abaixo estão as principais características dos tipos de comportamentos:

Passivo	Agressivo	Assertivo
- Não respeita os próprios direitos e sentimentos. - Submisso. - Tem dificuldade em dizer "não". - Dificuldade em tomar decisões. - Medo de falhar. - É inseguro.	- Não respeita os direitos e sentimentos dos outros. - Dominante. - A culpa é do outro. - Vive em constantes situações de conflitos. - Tem sentimento de frustração.	- Respeita os seus direitos e os do outro. - Expressa suas opiniões de forma apropriada, clara e objetiva. - É confiante. - Acredita na valorização do respeito mútuo. - Diminui a probabilidade de conflitos.

Para colocar a assertividade em prática em uma conversa, vamos imaginar uma balança, de um lado está o modo agressivo e do outro, o passivo, a assertividade é o equilíbrio. É essencial entender o ponto de vista do outro, colocar o seu ponto de vista de forma clara e objetiva, defender seus direitos, dizer "não" quando suas vontades são contrárias, expressar tanto os sentimentos negativos quanto os positivos, aceitar que tem responsabilidades pelas decisões, quando não entender algo, perguntar e pedir que a pessoa esclareça e não aumentar o tom da voz, uma conversa assertiva é quando os sentimentos, opiniões e desejos de ambos os lados são respeitados.

Como evitar a manipulação?

É um treino que faz parte da assertividade e é muito importante para evitar que algumas pessoas tentem dificultar sua comunicação assertiva. No quadro a seguir, veremos algumas técnicas para superar a tentativa de manipulação, no caso de você perceber que a pessoa não quer aceitar seu "não" ou se nega em aceitar um pedido.

Técnica	Descrição	Exemplos
Disco quebrado	Você vai demonstrar que compreendeu o que a outra pessoa quer dizer, mas tranquilamente você vai repetir uma frase objetiva e clara, para que o outro tente compreendê-lo.	"Sim, entendo você, mas..." "Sim, eu concordo, mas..." "Certo, mas no momento não me interesso."

Adiantamento assertivo	Caso não esteja se sentindo seguro para responder a uma pergunta que faz você se sentir desafiado, talvez seja melhor adiar essas respostas.	"Preciso pensar sobre essa questão e depois dou a você meu parecer." "Sobre essa questão, preciso pensar melhor a respeito."
Pergunta assertiva	Para entender o que a outra pessoa está pensando, faça perguntas e sugira críticas para que ela tenha espaço para apresentar o que está incomodando.	"Tem algo no meu discurso que incomoda você?" "De alguma maneira, incomoda o jeito que eu falo?" "Na situação... você pensou que não me importo com você?"

Fonte: Baseado em Davis, Eshelman e McKay (1996, p.150) e Rodrigues (2015, p. 108,109).

Para encerrar este capítulo, deixo uma frase para reflexão: "As pessoas são redundantes na fala, nos pensamentos e comportamentos negativos, mas menos no amor". Eu me arrisco a dizer que o grande segredo para se desprender é o AMOR, sim, ele mesmo, é a chave da liberdade, mas o amor em questão é o próprio. Fale "não" porque você se ama e se respeita. Não faça coisas para agradar aos outros se isso for custar a sua paz. O amor próprio é libertador. Ame-se e respeite-se!

Referências

BECK, J.S. *Terapia cognitivo comportamental: teoria e prática*. 2. ed. Porto Alegre: Artmed, 2013.

DAVIS, M.; ESHELMAN, E.; MCKAY, M. *Manual de relaxamento e redução do stress*. São Paulo: Summus Editorial, 1996.

LIPP, M.; BENZONI, P.E. *Baralho das atitudes: uma técnica para desenvolvimento da assertividade pessoal e de grupos*. Novo Hamburgo: Synopsys, 2015.

RODRIGUES, M. *Educação emocional positiva: saber lidar com as emoções é uma importante lição*. Novo Hamburgo: Synopsys, 2015.

Capítulo 13

A liderança que motiva

Leandro Subtil

Motivar o outro é um dos grandes desafios que eu, como líder, encontro. Diante disso, baseio o meu trabalho na busca incessante das práticas que eu devo realizar para desencadear no meu liderado o emprego da sua motivação para a busca do resultado. Eu entendo que liderar é INSPIRAR, fazer com que o outro acredite que ele pode ser uma versão melhorada de si mesmo. Compartilho com você o método que eu utilizo e que é responsável por eu conseguir empregar a liderança que motiva na minha atuação diária.

Leandro Subtil

Especialista em liderança, possui mais de 15 anos de experiência vivendo e praticando a liderança; construindo a entrega de resultados de negócios sustentáveis; desenvolvendo, capacitando e motivando outros e novos líderes. Atua como palestrante corporativo e, agora, também é escritor. Pós-Graduado em Gestão Financeira, Controladoria e Auditoria pela Fundação Getulio Vargas – FGV; Pós-Graduado em Gestão de Pessoas: Carreiras, Liderança e *Coaching* pela Pontifícia Universidade Católica do Rio Grande do Sul (PUC-RS).

Contatos
www.leandrosubtil.com.br
leandro@leandrosubtil.com.br
LinkedIn: leandrosubtill
@leandrosubtill
(31) 99172-2379

"Qual o maior desafio que você encontra no exercício da liderança?"

Eu fiz essa pergunta a alguns amigos porque ela é a que eu escuto com mais frequência. E ela é importante porque toda vez que eu a ouço, me leva à reflexão da liderança que eu defendo e da liderança que eu pratico. Eu tenho esse cuidado porque para mim não pode haver um abismo entre o que eu prego daquilo que eu faço, porque as atitudes que temos gritam mais do que as palavras que dizemos. Para diminuir a distância entre a teoria e a prática, todo dia eu me pergunto: qual foi a prática da liderança que eu apliquei hoje?

Agora, voltando à abordagem, desde que eu trabalho com gestão de pessoas posso dizer que o meu maior desafio enquanto líder está em motivar as pessoas. Digo isso porque para mim a motivação não requer uma ação externa para que ela aconteça, é preciso que venha de mim. E quando eu cito ação externa estou me referindo à ação realizada por um outro alguém. Por exemplo, uma pessoa não se motiva se ela tiver um aumento de salário, no máximo isso irá satisfazê-la, e por pouco tempo. A não ser que esse aumento de salário vá proporcionar a ela a conquista dos seus reais objetivos. Eu sou muito fiel ao conceito literal de motivação, mesmo que ele esteja sendo constantemente questionado por alguns estudiosos. A definição de motivação é "o motivo pelo qual praticar uma ação". Se há um motivo, existe uma força externa pelo qual eu faço alguma coisa. E aqui não no sentido de sofrer influência externa, mas no sentido de ter uma motivação externa, o que estamos tratando atualmente como propósito.

Acredito que motivar as pessoas também seja um dos seus maiores desafios, assim como a dos meus amigos líderes. Isso porque acredito que trabalhar com gente não seja uma tarefa fácil. As pessoas são complexas, "ninguém é igual a ninguém". São diferentes culturas e modos de educação; diferentes pontos de vista e comportamentos; diferentes objetivos de vida, diferentes gostos, e por aí vai. E por isso se torna uma tarefa árdua ter que moldar a sua liderança e adaptá-la para cada tipo de pessoa, ao passo que

Desprenda-se

se tornaria muito mais fácil se o seu liderado se adaptasse ao seu modelo, que é o que já está estabelecido. Seria isso uma utopia? Em um momento de incertezas quanto ao mercado econômico, só o fato de estar empregado já não seria motivo para se motivar? Diante dessa minha dificuldade apresentada, me empenhei em estudar como a motivação alcança as pessoas. Fiz e faço isso continuamente porque entendo que a construção do resultado a mim confiado, cuja responsabilidade de criar mecanismos para o seu alcance é minha, certamente será mais bem conduzida quando tiver pessoas altamente motivadas na minha equipe. Além disso, fazê-las perceber que essa conquista, conjunta, serve de meio para que elas realizem o seu bem maior, os seus propósitos.

Para me auxiliar na condução desse assunto, faço um paralelo entre o papel do líder e o papel dos pais na vida dos filhos. Pensar que se tornar mãe ou pai é uma livre escolha. E, com a escolha de ter um filho, vem com ela toda a responsabilidade pelo seu crescimento e desenvolvimento. Assemelha-se a esse papel o do líder com seu liderado. Não há uma obrigação para você se tornar líder, mas uma vez que se torne, vem junto a responsabilidade pelo crescimento e desenvolvimento do seu liderado. Na vida profissional, o líder assume o papel de pai, enquanto o liderado assume o papel de filho. É uma relação entre o que vou estabelecer aqui entre um pai e um filho só que no âmbito profissional.

E como pais, quando exercemos a liderança ela não vem com uma bula ou um manual de instruções. E posso dizer que o aprendizado constante só se finda quando se findar o nosso propósito de liderar. Não tente aplicar qualquer método que você encontrar por aí, porque a liderança precisa ser personalizada, distinta de pessoa para pessoa, considerando claro as suas diferenças, assim como fazemos com nossos filhos. A boa criação de um não é garantia da boa criação do outro. Precisamos adentrar no universo de cada um, sentir suas dores, conhecer os seus traumas, para então auxiliar nas conquistas e vitórias. Esse é o nosso papel.

Então, como pai, entendo que o nosso papel não está em motivar o outro, mas sim na busca de elementos que fazem com que ele se motive. Pois somente a partir do momento em que ele encontrar alguma razão pela qual trabalhar, ele então empregará a sua energia. Como motivar é um desafio para mim, eu criei o método **SUBTIL**, que me acompanha na minha jornada diária e que eu compartilho com vocês a partir de agora. O que eu trago aqui é o que eu tenho realizado neste fascinante mundo da liderança corporativa, que é a responsável por me fazer uma pessoa diferente a cada dia, contribuir para a entrega dos resultados confiados a mim, e que é a responsável por me permitir ser uma catapulta para a realização dos sonhos e propósitos dos meus filhos profissionais. Então, sem mais delongas, vamos lá.

Sue a camisa

Liderar significa empregar energia, transpirar. Pensar que, quando você decide ser pai, cabe a você a responsabilidade pelo crescimento e desenvolvimento do seu filho, não podendo abrir mão dele, e eu repito muito isso aqui, que é para ficar bem internalizado. Aqui cabe a você recomeçar sempre quando achar que o fim chegou. É empreender o suor necessário para que a liderança de fato ocorra.

Eu costumo sempre, antes de começar um dia, canalizar a minha energia para que eu não desista no meio do caminho. E sempre que eu me encontro em uma situação de conflito eu faço a contagem dos sete. Essa contagem consiste em eu sair da zona de conflito, contar até sete minutos, para somente depois voltar, tomar as minhas decisões ou fazer as abordagens necessárias para os processos prosseguirem. Consigo assim recuperar a minha energia e o meu equilíbrio para que eu não me perca. Recarregar a bateria sempre, porque suar a camisa é realmente necessário.

"hUmilde-se"

A liderança é feita quando verdadeiramente eu me interesso pelo outro e entrego a ele aquilo que é necessário para o seu crescimento e desenvolvimento. Quando eu trabalho sob essa ótica, estou me referindo ao comportamento de um pai que julgo ser um dos mais importantes: a humildade.

A humildade aqui não no sentido de submissão, mas no sentido de doação, de percepção. O pai precisa vivenciar a humildade. Enquanto pai, você precisa entender que: você não é superior às demais pessoas por exercer função de chefia; seus ensinamentos e ideias precisam ser difundidos; é necessário valorizar o ciclo de aprendizagem porque não é só você que ensina, você também aprende; é necessário reconhecer seus próprios erros e estar aberto a corrigi-los; é primordial reconhecer e valorizar todos, independentemente da sua posição; você aponta o caminho, mas o outro é quem decide ir.

Então, eu proponho a você alguns exercícios extraídos da minha ficha diária. Sorria para as pessoas, todas elas; cumprimente a todos, do porteiro ao presidente, com um aperto de mão forte, olho no olho; ouça as pessoas, se interesse pelo que elas dizem;

peça *feedback*, ninguém sabe mais sobre você que o outro; comemore as conquistas, mesmo que as pequenas; aponte sempre a direção, porque ela é mais importante que a velocidade; seja gentil.

Faça isso todos os dias e você verá a mudança acontecer. Quando o seu filho percebe que há verdade nesse comportamento, você está criando um ambiente fértil para as suas realizações – ambíguo, sim. Essa verdade será necessária para que o filho encontre significado na sua liderança e alcance os objetivos que você, enquanto pai, está propondo.

"**B**rotherize-se"

Criar uma proximidade com o seu filho é a porta que se abre para a conexão que precisa existir entre vocês dois. Quando eu falo que é preciso "brotherizar", eu estou chamando a sua atenção para o emprego da empatia. Empatia aqui no sentido de sentir o que o outro sente, dentro da situação em que ele se encontra. Pensar que não é simplesmente se colocar no lugar do outro, mas sim de estar no lugar do outro. E nada é mais urgente, para nós pais, para que isso aconteça, que estabelecer laços com o outro. Quando há uma sinceridade nessa relação, há um compromisso de um para com o outro.

Percebo muitos pais preocupados em estabelecer essa proximidade, com a dificuldade em separar o emocional do racional quando das tomadas de decisão. Mas é preciso que essa relação seja madura, ao passo que os dois entendam que decisões precisam ser tomadas com o objetivo de alcançar os propósitos estabelecidos para ambos. E lembrar sempre que as decisões podem ser tomadas de ambas as partes. O fato de haver essa proximidade entre pai e filho não quer dizer que as correções não serão aplicadas: um grande pai não passa a mão na cabeça do filho.

Treine

Eu costumo dizer que você consegue alcançar resultados apenas com o conhecimento que você tem, mas para perpetuar essa conquista é preciso que você treine o seu conhecimento. O saber teórico é necessário, pois ela nos direciona e aponta o caminho para o qual seguir, mas ele não pode ser o único fator determinante na sua jornada profissional. Prova disso é a quantidade de profissionais formados, qualificados, que estão fora do mercado de trabalho. Isso porque eles apostaram na sua capacidade intelectual, mas se esqueceram que, como eu sempre digo, a teoria não é nada sem a prática, a não ser uma perda de tempo. É como se você lesse um livro e nada dele aplicasse.

Treinar é a prática. É aqui que você idealiza, testa as possibilidades, as aplica e checa os resultados. Idealiza novamente e reinicia o ciclo. É a cada reinício dessa prática que você vai ficando melhor. Trabalhe o treinamento em conjunto com "sue a camisa", porque é preciso transpirar para que as suas habilidades de liderança melhorem dia a dia.

De todos os treinamentos que um pai precisa realizar, reforço sempre o treino do *feedback*. Digo isso porque acredito que o *feedback* é uma importante ferramenta para despertar no outro a sua motivação para fazer algo pelo qual acredita, e pelo qual quer lutar. Para isso, é preciso que o *feedback* tenha um sentido. Gosto e aplico muito o *feedback* pontual, no momento em que as situações acontecem, e sempre avalio, em conjunto com o meu filho, os fechamentos de ciclo, sempre questionando qual foi a minha efetiva participação na construção desse resultado. E o mais importante: faça perguntas que levem à reflexão, e deixe que o seu filho responda. Como: "Quais competências você possui para realizar essa tarefa?"; "O que você tem buscado para se desenvolver?"; "Como espera que eu auxilie você?"; "Qual o seu propósito?". São exemplos de perguntas que levam à reflexão e que geram uma autoanálise. Uma vez que as percepções do seu filho vierem dele mesmo, as chances do liderado se engajar para trabalhar os pontos de melhoria serão maiores.

Inspire

Em nossa vida, desde o nosso crescimento, as pessoas têm a tendência de nos reprimir. "Não faça isso, menino", "Desça daí, menino, você vai cair". Eu defendo que, enquanto pai, você precisa estimular a iniciativa e o seu filho precisa ter em você a segurança necessária pra que ele vá, e se acontecer dele cair e machucar, que você estará pronto para ampará-lo, cuidar da sua ferida. Pois só assumindo as responsabilidades pelas suas escolhas que o nosso filho vai moldando a sua maturidade.

Dito isso, convido você a ser uma catapulta para as pessoas, responsável por projetá-las e fazê-las transcender sempre. Assim como você, as pessoas também têm as suas aspirações. E conhecer quais são as aspirações do seu filho fará com que vocês construam uma conexão que proporcionará, a ambos, as conquistas dos seus objetivos.

Para isso: conheça o propósito do seu filho, seja ele pessoal ou profissional; além de conhecer, se interesse verdadeiramente pelo seu propósito; e, por fim, ajude o seu filho a conquistar o seu propósito. Eu busco sempre fazer isso com os meus filhos, e a forma como eu encontro de realizá-lo é a que transcrevo aqui.

Convide o seu filho para um bate-papo informal, de preferência fora do ambiente de trabalho. Leve-o a um ambiente em que ele se sinta à vontade. Estimule-o a conversar com você sobre os seus objetivos de vida, revele para ele os seus objetivos de vida, para criar uma conexão positiva entre vocês. Pergunte o que ele tem feito ou o que pretende fazer para alcançar o seu objetivo. Identifique as possíveis barreiras para o alcance desses objetivos e como podem ser superadas para que não se apresentem como empecilhos. Crie com ele uma agenda permanente de desenvolvimento e revejam juntos essa agenda, a cada ciclo. E nunca, nunca critique o propósito de alguém, pelo contrário, tente entender o motivo pelo qual ele tenha esse propósito. E renove. A cada ciclo renove os propósitos.

Lidere-se

Para que você consiga exercer a liderança, é importante que você seja pai de si. Os filhos só reconhecem valor em você quando você se apresenta como uma pessoa forte, de visão, que luta pelos seus propósitos. Um filho não o reverenciará como pai se você se apresentar como alguém fraco, melancólico e que vê problema em tudo.

Defenda seus valores, defenda seus ideais. Seja firme, corrija o que tem que ser corrigido. Eu sei que em muitas das vezes a nossa vontade é de voar no pescoço da pessoa. Mas não precisa tanto, a maturidade tem que ser nossa. Nós somos os pais. E os filhos esperam que façamos o nosso papel.

Cuide de você, e comece pelo seu pessoal. Cuide do corpo, cuide da mente e cuide do seu espiritual. Experimente fazer algo novo a cada dia. Seja forte, defenda seus princípios, corrija, mas não precisa fazer tudo isso sendo rígido e inflexível. Você pode fazer tudo isso de uma forma leve.

Eu posso garantir a você que, assim como o método SUBTIL me ajuda a construir um ambiente de motivação para os meus filhos profissionais, ele também pode ajudá-lo. Como eu disse, a motivação é inerente a cada um de nós, mas a busca pelos elementos que desencadeiam essa motivação nos nossos filhos, esta sim, é de responsabilidade nossa.

Capítulo 14

Como definir metas e obter *performance* na vida

Leonardo Gonzaga

Neste capítulo, você encontrará uma estratégia funcional de definição de metas para aumentar a sua *performance* de vida. Ter metas ajudará a ter mais disciplina, dedicação e prática, proporcionando uma experiência de sucesso na sua vida pessoal, profissional e familiar. Pessoas de sucesso não fazem mágica na vida, mas sim definem objetivos claros e vivem em busca desse atingimento.

Leonardo Gonzaga

Consultor, treinador, palestrante e executivo de vendas e gestão com 20 anos de experiência em empresas de tecnologia como Dell, Ascenty, UOL, Verizon, Hewllet-Packard, dentre outras, atuando em áreas de foco em vendas, atendimento a clientes, sucesso do cliente, gestão e liderança de equipes. Formado em Gestão de Tecnologia (2003), com MBA Internacional em Gestão de Vendas e Inovação (2014), especialização em Inovação pela Universidade da Califórnia – Berkeley (Califórnia/EUA, 2013), Empreendedorismo pela Babson College (Boston/EUA, 2014). Certificado como *practitioner* em Programação Neurolinguística pela Actios (2009). Voluntário de Programas de Empreendedorismo Jovem (Junior Achievement), mentor especialista em vendas e *performance* (Boomit), Consultor e Treinador na Asas UpSelling.

Contatos
www.leonardogonzaga.com
contato@leonardogonzaga.com
Instagram: leonardo_gonzaga
(11) 99492-5903

"As pessoas bem-sucedidas e malsucedidas não variam muito em suas habilidades. Elas variam em seu desejo de alcançar o seu potencial." John Maxwell

Tenho conversado com muitas pessoas ao longo de minha jornada, e uma coisa que tenho notado mais constantemente é a dificuldade que muitas delas encontram em ampliar a sua *performance* em diversas áreas da vida. Essa dificuldade começa em saber exatamente o que querem e aonde desejam chegar, e quando conseguem identificar e definir, possuem dificuldade para atingir os objetivos traçados.

Eu até entendo isso, afinal o volume de estímulos e informações pelos quais somos bombardeados diariamente, juntamente com a agitação e tantas tarefas do dia a dia, induz muito fácil a pessoa a se perder, e simplesmente acaba deixando para depois algo que é mais importante. Não é incomum esses objetivos irem para o fim da lista de afazeres diários.

Pensando mais profundamente nisso, resolvi compartilhar oito estratégias breves que funcionam para mim e que podem ser também para você um mapa, ou até mesmo uma solução definitiva para as possíveis dificuldades.

Uma questão muito relevante é lembrar que sem objetivos é realmente difícil conseguir algum feito importante ou algo de valor na vida.

A seguir, apresento as oito dicas práticas, como um passo a passo, para uma ótima definição e estrutura para atingimento de metas:

1. Defina metas com as quais você se comprometerá, com as quais realmente se preocupa

Correr atrás de objetivos somente pelo fato de você achar que deveria ou ainda porque alguém deseja que você o faça não é legal. Por exemplo, seu pai deseja que você seja engenheiro, sua mãe quer que você seja médico, sua namorada deseja se casar.

Essas sinceramente podem ser boas metas, mas não necessariamente nesse momento são as metas com as quais você realmente se preocupa, ou se importa.

Desprenda-se

Defina objetivos com os quais neste momento realmente se importa, aquilo que é mais importante para você e que consegue se comprometer a atingir. Essa será a única maneira de você conquistar. Quer conquistar algo, importe-se e se comprometa realmente com seus objetivos.

2. Poucas metas

Indico a você não trabalhar com muitos objetivos ao mesmo tempo, a não ser que o trabalho com metas já seja algo bastante comum em sua vida, e que tenha organização para tal.

Neste momento, reflita: você pode, sim, ter quantos objetivos quiser, podendo realizar, por exemplo, um enorme esforço, descentralizado para dez objetivos, e acabar desistindo de todos, ou direcionar melhor a sua energia para apenas dois ou três e realizar uma mudança real em sua vida. Qual seria a sua escolha?

Assim que realmente estiver mais habituado com o modelo de trabalhar e definir objetivos/metas, você poderá ampliar a sua capacidade para trabalhar simultaneamente com mais metas.

Eu indico que, inicialmente, ou por não estar acostumado ou por não estar obtendo sucesso com o modelo de trabalho com metas, que você defina até três, sendo uma delas a sua principal.

O que ocorre, na maioria dos casos, é as pessoas escolherem como três metas principais questões relacionadas à saúde, carreira e família, não necessariamente nessa ordem, mas aqui quem irá definir será você.

3. Anote, controle e revise seus objetivos

As metas e os objetivos que define para si devem estar escritos, assim como uma lista de tarefas. O processo de escrever nos ajuda a gerar compromisso com esses objetivos, em vez de simplesmente lembrá-los.

Claro que aqui vale uma informação muito útil. Apenas o ato de escrever suas metas não significa que irá realizá-las, mas faça o favor a si mesmo de não as deixar escritas e esquecidas em agendas, bloquinhos, cadernos e diários, e nada fazer. Isso não será nada útil.

Eu ainda gosto de criar um compromisso social, por exemplo, quando fui convidado para fazer parte deste livro, estabeleci o meu planejamento para escrever este capítulo. Em seguida, comentei com algumas poucas pessoas minha participação e qual era o macroplanejamento, e fiz isso porque sabia que essas pessoas ficariam ávidas por adquirir um exemplar do livro e, com isso, de certa forma, me cobrariam o resultado. Falaremos disso mais para a frente.

Como técnica, também, eu tenho um mural no *home office*, onde escrevo metas e as deixo visualmente expostas de forma destacada. Tenho um amigo que põe fotos de suas metas e as datas de suas conquistas na tela do *smartphone* e computador.

Claro, cada pessoa encontra uma forma de fazer, e os exemplos citados podem facilmente ser substituídos por uma cartolina na parede, ou até mesmo um papelzinho pendurado na sua geladeira. Você encontrará aquilo que tem mais significado para ajudá-lo a se comprometer.

4. Crie objetivos de curto prazo que levem a metas de longo prazo

Um passo importante é você criar a definição de um grupo de objetivos individuais de curto prazo, onde isso poderá ajudar a fazer várias melhorias em sua vida. Aqui, o importante é que haja um alinhamento entre eles, pois caso não estejam alinhados, certamente gastará boa parte da sua energia, podendo perder a oportunidade de realizar algo realmente grande.

Uma dica útil é você pensar em uma meta de longo prazo, e depois "quebrar" essa em objetivos menores. Importante, também, comemorar não apenas o atingimento da meta de longo prazo, mas dos objetivos menores, isso o manterá motivado e levará uma mensagem para o seu inconsciente sobre a sua capacidade de realização.

Exemplo:
Quando eu fui realizar a minha primeira viagem para a Disney. Essa viagem é encantadora, mas possui um custo elevado, portanto, além de toda a influência da moeda estrangeira, eu tive que programar qual seria a programação para os 14 dias que ficaríamos por lá. Dessa forma, criei objetivos menores:
- Estabeleci a melhor data para a viagem (custo x benefício);
- Reservei a data de férias na empresa para a qual trabalho;
- Verifiquei o calendário escolar do meu filho para programar a ausência;
- Fiz a lista de parques e locais que gostaríamos de visitar;
- Identifiquei a região que seria mais adequada para ficarmos hospedados;

Desprenda-se

- Elaborei um cronograma intercalando parques e dias livres;
- Fiz o planejamento de como realizaria o pagamento da viagem.

E, assim por diante, fui elencando diversos objetivos menores, que precisavam ser realizados para que a viagem pudesse acontecer, estabelecendo data, limites e prazos para cada um deles.

Essa lista de objetivos funcionará como um plano de ação para que você alcance a sua meta. Posso dizer aqui que é como jogar videogame, onde, para chegar ao final, você precisa concluir cada uma das etapas, para que assim você venha a "zerar" o jogo.

5. Decida o que não fazer, esta é uma grande decisão

Melhor do que decidir o que se deseja alcançar, decida aquilo que não deseja realizar, com base em seus objetivos de longo prazo. Quando visualizar e estiver de posse desses objetivos, terá uma tarefa que parece fácil, mas eu sinceramente a considero bem difícil, que é a eliminação de todas as coisas que não estão alinhadas a sua prioridade principal para o momento.

Da mesma maneira que criou uma lista do que deve fazer, precisa também elaborar a lista das coisas que você não deve fazer. Veja o exemplo:

- Não assumir responsabilidades extras no trabalho (se não estiver alinhado ao seu objetivo), delegue;
- Não assumir muitas tarefas domésticas (delegue nesse período para alguém que more com você, ou para uma faxineira, por exemplo);
- Não iniciar projetos paralelos, até que o principal esteja concluído.

Comumente, essa é uma tarefa difícil para muitas pessoas, ainda mais quando algumas tarefas cotidianas se misturam e não conseguimos nos ver distantes do processo de execução delas, mas é importante conseguir o discernimento necessário para separá-las e deixá-las de lado, ao menos por um momento.

Você notará que quando começar a exercitar o "dizer não", claro que aqui estamos falando de uma maneira educada, você começará a ter mais tempo para que se concentre nos seus objetivos. Dessa forma, você poderá dizer para alguém: "Desculpe, mas eu não consigo realizar isso agora, ok?".

6. Transforme seus objetivos em Meta SMART

Se for a primeira vez que tem foco em realmente estabelecer metas de forma clara e objetiva, talvez seja um novo termo para você, ou até pode ser que já tenha se deparado com este conceito: SMART. De qualquer modo, detalho a seguir como funciona.

Ao definir suas metas e objetivos, eles devem ser SMART – *Specific, Measurable, Assignable, Relevant, Time-Based.*

Específicos: o que eu quero realizar, conquistar?
Mensuráveis: como sei que alcancei meu objetivo?
Alcançáveis: meu objetivo é realista, possível?
Relevantes: por que é importante para mim?
Temporais: qual o meu prazo para essa realização?

Minha atividade física é a corrida, eu treino diariamente. Supondo que queira criar um objetivo nessa área para mim, veja como um objetivo definido com o conceito SMART fica muito mais claro e factível do que desejo realizado, em vez de um objetivo sem a utilização do conceito.

Objetivo normal: eu quero ser um corredor melhor.

Objetivo SMART: eu quero correr a Meia Maratona de São Paulo em 19 de abril de 2020, porque hoje eu apenas participo de provas de 5 Km e desejo melhorar a minha *performance* e meu ritmo, sendo aceito em uma equipe de corrida.

Analise a sua lista de objetivos atuais e verifique se eles podem ser encaixados no padrão SMART.

7. Acompanhe o seu desempenho

Realizar um processo de acompanhamento do desempenho das suas realizações é fundamental para a sua organização e motivação rumo às suas conquistas. É uma forma de você manter o controle e entender o quão longe ou perto se encontra do seu objetivo, e se precisa ajustar algo nessa jornada.

Importante destacar que sempre que notar que está perdendo o controle do seu "leme", poderá facilmente iniciar um ajuste de velas e redirecionar a navegação para seus objetivos, aproveitando o vento em vez de perdê-lo.

Existem diversas formas de acompanhar o seu progresso, sinceramente se esta é a primeira vez que lida com seus objetivos, considero que o papel e a caneta sejam mais apropriados, mas você também poderá construir uma planilha em seu computador, ou até mesmo encontrar algum aplicativo para celular. O importante é, de alguma maneira, manter o controle do seu desempenho.

Desprenda-se

8. Crie compromisso social, compartilhe com alguém confiável

Como citei anteriormente, considero esta uma tapa importante também.

Quando cria de alguma forma um compromisso social, ou seja, quando compartilha a sua meta com alguém, pode tornar o impulso melhor para alcançar esse objetivo. Sugiro que encontre uma pessoa de confiança, a qual de alguma forma irá acompanhá-lo e torcer para o seu sucesso, tenho certeza de que isso será um grande incentivo para que concretize as suas metas.

Esse compartilhamento pode ser com seu cônjuge, amigo/amiga, namorado/namorada, irmãos e até mesmo com a sua mãe, o importante desse compartilhar é que, mesmo que essa pessoa não venha a cobrá-lo, você se sentirá cobrado, pois a partir do momento que compartilha com alguém de sua confiança algum objetivo que realmente deseja alcançar, é certo que essa pessoa irá por vezes questioná-lo sobre como está a sua meta.

O importante aqui é que você não se sinta mal ou ache ruim essa cobrança, afinal está compartilhando com alguém de sua confiança e que quer o seu bem.

Agora, com a inserção das mídias sociais em nossas vidas, algumas pessoas por exemplo compartilham de forma pública seus objetivos. Eu mesmo, por exemplo, tomei uma decisão de realizar três quilômetros de corrida diária e comecei postando nos *Stories* de uma de minhas mídias sociais, isso gerou um compromisso social que, se por alguma eventualidade eu esteja impossibilitado de fazer o exercício naquele dia, eu acabo por me cobrar, e muitas vezes algum amigo me cobra, e isso faz com que eu me reconecte com a minha meta, que é exercitar-me todos os dias.

Agora, vamos lá! Qual o objetivo mais importante para você no momento atual de sua vida? Você consegue definir? Acredita que consegue transformá-lo em uma meta SMART?

Eu confio em você!

Capítulo 15

Aprendendo a desprender-se

Leonice Tenório Barbosa dos Santos

Em nossa vida, temos muitos acontecimentos, momentos bons e outros ruins, e vamos ter que aprender a conviver com todas as circunstâncias. Cada um do seu jeito, com suas vivências, histórias e aprendizados, o importante, sem dúvida, é aprender. Espero que, neste breve artigo, eu tenha conseguido me expressar de uma maneira clara e objetiva, pois meu propósito é deixar um legado de que podemos evoluir como pessoa, a começar por nós mesmos.

Leonice Tenório Barbosa dos Santos

Graduação em Gestão de Recursos Humanos pela Universidade Anhembi Morumbi. Certificação em *Coaching* Pessoal & *Professional Leader Coach* pela Sociedade Brasileira de Coaching. Consultora de Imagem Corporativa e *Personal Stylist* – Escola de Estilo Dany Padilha Rio de Janeiro. Palestrante e coautora do livro *Mapa da vida* (Editora Ser Mais).

Contatos
http://www.leocoaching.com.br
leonicecoaching@gmail.com
Instagram: leoglamourfashion
(11) 96356-0085

Leonice Tenório Barbosa dos Santos

Interessante este tema, pois ao sermos gerados, estamos totalmente vinculados com a mãe. Por meio do cordão umbilical, e permanecemos até o dia do nascimento, isso não é incrível? Realmente a forma como somos gerados é simplesmente fantástica, na minha crença, acredito na obra de Deus.

Enfim, ao nosso primeiro contato com o mundo, o que acontece? Exatamente o desligamento do cordão com a mãe.

Passamos a partir daquele momento a ter o primeiro rompimento, sendo do cordão umbilical com nossa mãe. E, desde então, passamos a depender de nossa mãe ou de alguém. Para cuidar de nós, em todos os sentidos, para que possamos aprender de tudo, andar, caminhar, falar, nos comportar e muito mais.

Passando por várias fases, que vai perdurar até a fase adulta.

Chegamos, então, à fase tão esperada! Liberdade ou o próprio tema deste livro: **desprender**.

Engraçado que ao sermos crianças, muitas vezes não vemos a hora de sermos adultos, imaginamos que será bem mais fácil, não ter que ser tão obediente e dar satisfação de tudo que fizermos, e poder fazer tudo o que tivermos vontade.

Como se fosse tudo tão simples! Quando somos crianças, temos essa ilusão, achamos que tudo será bem mais tranquilo, porque achamos que já sabemos nos cuidar, e por aí vai, não é mesmo? Será? Isso foi fácil para você? Realizar seus sonhos? Realizar-se na sua área profissional? Ou encontrar a faculdade adequada para você, e seus relacionamentos? Enfim, muitas questões a serem resolvidas.

São questões que cada um após refletir saberá bem as respostas. Mas, aonde quero chegar com isso? É justamente por essas situações que todos nós, mais cedo ou tarde, passamos, da mesma forma.

Que independentemente de como fomos criados, são situações importantes em nossas vidas, e carreiras profissionais, pois delas dependerá nosso sucesso ou fracasso, e que não tem quem fará por nós, a não ser nós mesmos.

Como é fundamental sabermos **escolher**, e se você perceber, a todo tempo fazemos escolhas, não é verdade? Onde vamos almoçar?

Desprenda-se

Qual carro comprar, qual vestimenta ficará melhor? Para onde vamos viajar? Enfim, ou sabemos ou muitas vezes buscamos indicação de terceiros, para nos ajudar algumas vezes.

Pois é exatamente após essas escolhas que coisas boas ou ruins enfrentamos, no decorrer de nossas vidas.

Lógico que no decorrer de nossas vidas vamos ter várias experiências, e muitas oportunidades, que vão nos levar a caminhos assertivos, ou não! Que muitas delas não vamos ter escolha, mas sim enfrentar a realidade da vida, que por vezes é dura e implacável. E, com essas situações, será necessário usar o verbo **desprender**.

E, falando especificamente dele, vamos entender qual o seu significado pelo dicionário, que diz:

Verbo transitivo. Soltar; separar (o que estava preso), desatar, despregar.

Verbo pronominal [figurado]. Desligar-se, apartar-se; libertar-se: desprender-se de compromissos.

Vamos combinar que separar ou soltar é se libertar! É muito difícil na prática conseguir realizar, vamos analisar juntos algumas questões. Pois temos mania de nos apegar às coisas, ou muitas vezes a pessoas, não é verdade?

Por exemplo, em um relacionamento afetivo, quando amamos uma pessoa, imaginamos que jamais ficaríamos sem ela, por exemplo. E de alguma forma isso acaba acontecendo. Como reagimos? O que faremos? Como será nosso sentimento?

É meu amigo(a) difícil, né? Mas não temos como fugir dessas e outras situações semelhantes.

Mas, o que quero demonstrar, com essas e outras situações muitas vezes negativas que enfrentaremos, é exatamente o que vem depois do ocorrido, e como será nosso comportamento.

Essa resposta é muito relativa, pois vai depender dos sentimentos, atitudes, autoestima, crença, inteligência emocional de cada um. Para enfrentar e escolher o que fazer, e como fazer, mediante aos fatos.

Lembra de como iniciei este tema? Com informações sobre como fomos criados, de nossa educação, valores e ética que aprendemos no decorrer de nossas vidas. Pois bem, agora precisamos assumir o nosso papel, com responsabilidade e maturidade, para enfrentar as divergências da vida.

Claro, não devemos também nos esquecer do outro lado da moeda. Sim, porque também decepcionamos e falhamos como seres humanos.

Por vezes, somos a vítima, e por outras somos o próprio causador e, desse lado, qual será nosso posicionamento?

Viu só como muda o contexto? E, novamente, nossas emoções desse outro lado.

Por essas questões, temos aquela frase clichê: faça para os outros o que gostaria que fizessem por você.

Você não acha correto pensar dessa forma?

Porque quando nos colocamos do outro lado, conseguimos ser mais humanos e mais doadores, até mesmo aceitar e tolerar algumas situações. Mas na realidade é bem mais complexo, porque somos pessoas que reagimos de maneira diferente uma das outras.

Devido à cultura, crença, valores, comportamentos e ética que cada um tem. Assim, o ser humano terá sua própria reação ao passar por momentos de dor, raiva, frustração, abandono e rompimentos em cada área de sua vida.

O que nos resta ao passar por todas essas situações não é apenas como reagimos a elas, mas qual lição aprendemos, e principalmente a mudança interna que teremos. Porque os pós-traumas, sejam quais forem, vão deixar sem dúvidas marcas, e o que faremos com elas? Essa é uma resposta e uma mudança interna tão profunda que, a partir disso, seremos melhores ou piores como pessoa.

Pois podemos tirar a lição de vida e olhar para a frente e aceitarmos o que não podemos mudar. Ou ficarmos uma pessoa amarga, fria e indiferente. Sendo assim, colheremos frutos amargos ou doces, qual fruto você quer colher? Pense nisso e procure ser mais compassivo e cobrar menos de si mesmo.

A consciência da dependência emocional

A dependência afetiva consiste em depender da outra pessoa para ser feliz.

Como se disséssemos: "Se a outra pessoa não me ama ou não mostra que me ama, eu não sou feliz". Assim, começamos todas as tentativas e os jogos para sermos amados e continuarmos sendo amados, ainda que o **relacionamento** possa estar péssimo.

É comum, na dependência emocional, que a pessoa deixe de lado a sua própria vida – trabalho, estudos e **amigos**. Tudo para dedicar-se integralmente ao relacionamento. Todos nós dependemos de atenção, de afeto, **carinho** e amor; o problema está no exagero que leva uma pessoa a acreditar que não vive sem a outra.

Desprenda-se

Como nos libertarmos dessa dependência? É possível?

- A consciência é o primeiro passo para começar a superar os **sentimentos**. Sem a consciência do que está acontecendo, tudo vai continuar como está, e o sofrimento tenderá a continuar. Ao passo que se uma mudança for buscada, ela pode ocorrer com a criação de mais autoestima, autovalorização e/ou com a ajuda de um profissional capacitado.

- Reconheça o seu valor-próprio e alimente pensamentos positivos sobre si mesmo, percebendo suas limitações bem como suas conquistas, estabelecendo metas e objetivos, ajudando outros e fazendo o que o faz sentir-se bem. Aceite as suas decisões e observe a sua capacidade de fazer o que é melhor para si.

- Perceba que você tem o controle de si e assume as rédeas de sua própria vida, de seus sentimentos, suas emoções e ações. Algumas vezes, acontecem **eventos** na vida que são incontroláveis, mas você precisa perceber o que pode controlar. Não permita que outra pessoa controle o caminho que deve seguir.

- Repense. Tome um tempo para pensar no seu relacionamento. Reflita sobre como era antes de conhecer o cônjuge e todas as coisas que deixou de fazer pela **relação**. Talvez seja tempo de fazer umas mudanças no relacionamento, para que ambos se sintam melhor.

Precisamos praticar o desprendimento

Talvez você pense: "Eu preciso ter a minha casa para morar!". Você precisa ter uma casa para morar, precisa ter o seu ambiente para viver. São coisas necessárias e essenciais para a vida de cada um de nós, mas muitas vezes prendemo-nos muito aos lugares, pessoas, cargos que ocupamos e situações em que estamos, por isso não progredimos na vida, estamos sempre estagnados, porque nos prendemos a alguma coisa ou alguma coisa está nos prendendo àquela situação. Mesmo que você nunca saia do lugar em que vive, progrida, invista para que a sua vida seja melhor.

Desprenda-se das coisas que tem. Para que ficar acumulando um monte de itens que depois nem você saberá o que fazer com tudo? Só não damos passos maiores na vida porque nossos passos ficam presos atrás, amarrados a coisas pequenas, a picuinhas, apegos, situações, pessoas ou oposições que passamos nesta vida. Se quisermos, Deus nos ajudará a avançar! Ele nos faz progredir, ir para a frente, quando somos capazes de nos desprender.

Por que somos tão apegados às nossas coisas?

1. **Efeito dotação:** quando valorizamos muito mais alguma coisa só porque ela nos pertence. Pode ser observado quando você tem a chance de trocar algo que possui por outra coisa, e prefere não o fazer por achar que o que você tem é mais valioso (mesmo quando objetivamente não é).

2. **Senso de self:** quando nos identificamos com os objetos e os consideramos parte de nós mesmos. Um exemplo é quando você vê uma camiseta que acha muito legal e não consegue se livrar dela por, subconscientemente, achar que ela faz parte de quem você é.

3. **Conexão por meio da propriedade:** quando atribuímos significados aos nossos objetos, só porque os possuímos. Eles são tidos como especiais por esse motivo você não aceita trocá-los, mesmo que por outros idênticos. Isso se estende também a objetos que pertencem a outras pessoas queridas, como celebridades ou parentes. O objeto, de alguma forma, se conecta com aquela pessoa e possui aquilo que um dia foi dela e, de alguma forma, o aproxima dela.

Você vive pensando no passado?

Como penso que essa dificuldade seja mais comum do que possamos imaginar, hoje quero compartilhar com você a minha opinião a respeito.

O apego ao passado é um comportamento de pessoas que vivem mais ancoradas no ontem do que no hoje. Vão guardando lembranças de momentos vividos, e o pior é que muitos não foram bons assim, bem pelo contrário, mas ruins. Mas de tanto pensar, falar, pouco a pouco, sem se darem conta, as pessoas acabam presas a essas lembranças e não se permitem desfrutar do presente.

É incrível como carregamos conosco o peso dos fracassos passados, negócios inacabados, dificuldades de relacionamento, brigas não resolvidas, dificuldades com os pais, ambições não satisfeitas. Isso reflete uma dificuldade de não conseguir abandonar o passado, a mania de remoer coisas que aconteceram. O pior é que isso vira um hábito.

Desprenda-se

Remoer pensamentos do passado é o problema

Não se apegue demasiadamente ao passado. Não queira viver uma vida que já não existe mais. Do passado podemos tirar lições profundas, ensinamentos para a vida atual e direcionamentos para o futuro. Então, aproveite, perdoe seus erros, bem como perdoe aqueles que feriram seus sentimentos. Coloque essas dores em um envelope e o guarde nos arquivos do passado, definitivamente.

Às vezes estamos cheios de culpa, de ressentimento, de tristeza, de mágoa, de injustiça, isso tudo: é excesso de passado. Talvez seja difícil reconhecer que o apego ao passado é a causa do seu sofrimento.

***

Nunca é tarde

Não é ter, mas é ser
Não é pensar, é agir
Não é sofrer, é amar
Não é julgar, é aceitar
Não é solidão, é união.

Capítulo 16

Saúde integrada e espiritual

Marcelo Cunha Ribeiro

Na Palavra de Deus, descobri a verdadeira essência e integridade do ser humano, percebi o amor na criação do homem, compreendi que somos templos do Espírito Santo e isso muda tudo em relação ao entendimento de saúde e como devemos cuidar do nosso corpo de forma holística. A integração mente, corpo e espírito é real e muito racional.

Marcelo Cunha Ribeiro

Graduação em Ciência do Esporte – UEL, pós-graduação em Nutrição Esportiva pela UGF de São Paulo. Pós-graduação em Treinamento Personalizado (UniFMU-SP). Formação internacional em *Coaching* Integral Sistêmico – Febracis. Pós-graduação em Manejo Florestal – WPOS. Presidente da ARESB (Associação dos Resinadores do Brasil). Coordenador da Área 6 – Ministério Jovem APSO – IASD. Quase 20 anos estudando a área de saúde e bem-estar, atuando como professor, *personal trainer*, proprietário de academia, palestrante e consultor. Idealizador do projeto Sementes da Vida (Racional, Emocional, Físico, Nutricional e Espiritual).

Contatos
www.sementesdavida.com
marcelo@sementestecnologicas.com.br
(14) 99754-8142

Marcelo Cunha Ribeiro

Sementes da vida – espiritual

Primeiramente gostaria de agradecer a você, leitor, pela oportunidade de obtermos um melhor relacionamento e parabenizá-lo pela busca de constante aprendizado. Desejo por meio desta literatura levá-lo ao conhecimento mais aprofundado de como o módulo Espiritual está inserido dentro do conceito Sementes da Vida (Racional, Emocional, Físico, Nutricional e Espiritual). Uma visão macro desse conceito foi detalhado no livro *Coaching – Mude seu mindset – Volume 1*, e no *Volume 2* detalhamos o módulo Racional. No livro *O poder do otimismo*, descrevemos o módulo Emocional, no livro *Profissional de alta performance*, o módulo Físico, e o módulo Nutricional foi explanado no livro *Vida em equilíbrio*, todos em parceria com a Editora Literare Books.

O início de minhas memórias em relação ao contexto espiritual me faz relembrar as orações realizadas com minha mãe e irmã. Costumávamos orar o "Pai Nosso" toda noite antes de dormir e eu fazia algo diferente inconscientemente, em vez de falar simplesmente as repetições diárias eu meditava nas letras e assim meu tom de voz se alterava um pouco, e só percebi quando minha mãe perguntou um dia porque eu rezava daquele jeito, a partir disso me conscientizei sobre esse primeiro ponto da espiritualidade em minha vida.

Na infância, realizei o catecismo, gostava de participar, infelizmente não lembro de muita coisa do que aprendi, mas foi importante na minha jornada. Confesso que depois da finalização do catecismo passei longos anos sem nenhuma imaginação da importância espiritual.

Mas foi em 2007 que um dos momentos mais importantes da minha vida aconteceu, no primeiro retiro de Carnaval que compareci. Escutando a música "O Sonho de Deus é Maior", sobreveio aquele primeiro chamado e minha mente e entendimento não conseguiram parar de meditar: "Por que não? Por maiores que sejam meus sonhos... O Sonho de Deus deve ser maior para mim mesmo, vou me entregar a Ele e o mais Ele fará".

Desprenda-se

A partir desse momento, comecei a estudar a Bíblia e diversos livros espirituais, assim descobri que Jesus não é somente esse crucifixo que eu via na parede de vários lugares. Minha razão foi se moldando, meus olhos foram se abrindo e meus hábitos sendo transformados.

Nessa época, eu era proprietário de uma academia em Londrina/PR e estava realizando o Projeto *Wellness*, uma espécie de "Antes e Depois" com um grupo de pessoas, que unia atividade física, psicologia e nutrição. Em minha mente, essa união já era muito eficiente para ajudar meus alunos em relação a uma saúde integrada.

Mas na Palavra de Deus descobri a verdadeira essência e integridade do ser humano, percebi o amor na criação do homem, compreendi que somos templos do Espírito Santo e isso muda tudo em relação ao entendimento de saúde e como devemos cuidar do nosso corpo de forma holística. A integração mente, corpo e espírito é real e muito racional.

A partir disso, meu conceito relacionado à saúde foi aperfeiçoado, não bastavam somente exercícios, alimentação e psicologia, o Espiritual deveria ser acrescentado. Assim criei o Sementes da Vida, que integra o Racional, Emocional, Físico, Nutricional e Espiritual.

Acredito que esse conceito irá auxiliar muito a população, principalmente professores de academia, *personal trainer*, pessoas diversas que gostam de buscar uma vida saudável, que fazem atividades físicas, se alimentam bem, mas não têm a conscientização da importância da mente, da emoção e da espiritualidade em suas vidas. Chegou o momento de desprender-se. Aqui encontrei minha missão!

Atualmente finalizei uma plataforma de treinamento integrado, o nome desse produto é o Vida10. Temos gravados treinos físicos cardiovasculares, de alongamento e sensório motor. Como também vídeos teóricos, *e-books*, testes de autoconhecimento, blogs e muito mais. Para conferir, acesse o site www.sementesdavida.com ou aponte no QR Code abaixo:

Espiritual – teorias literárias

Segundo Rabello (2009), o antagonismo entre a ciência e religião tem atravessado os séculos e ainda sentimos sua presença em nossos dias. Podemos, porém, afirmar que a distância que separa essas duas áreas vem diminuindo sensivelmente, pelo menos entre médicos, filósofos, psicólogos e biólogos. Imparcialmente e sem preconceitos, eles têm se dedicado a pesquisas que levam à conclusão de que a ciência pode colaborar, e muito, para o esclarecimento do comportamento religioso.

Existem abundantes dados sobre o impacto da religião na vida das pessoas. A parede entre medicina e espiritualidade está ruindo: cientistas, médicos e demais profissionais de saúde têm descoberto a importância da oração e da espiritualidade na melhora da saúde física e mental, bem como para responder a situações estressantes de vida. Atualmente, existem centenas de artigos científicos mostrando a associação entre religião e saúde, que é estatisticamente válida. (Perretti, 2011)

Sobrinho (2012) explica que estatísticas apontam dados onde o indivíduo que mantém vinculação com uma instituição religiosa vive em média de 10 a 15 anos a mais que um indivíduo que não possui uma ligação espiritual.

Todos devem ter um conhecimento inteligente da estrutura humana, a fim de que possam conservar o seu corpo nas necessárias condições de fazer a obra do Senhor. Aqueles que formam hábitos que enfraquecem o poder dos nervos e diminuem o vigor da mente ou do corpo tornam-se incapacitados para a obra que Deus lhes tem dado a fazer. Por outro lado, uma vida pura e sadia é mais propícia à perfeição do caráter cristão e ao desenvolvimento das faculdades da mente e do corpo. (White, 1993).

Perretti (2011) cita uma pesquisa que analisou o cérebro de freiras e monges, que foram escaneados com o objetivo de entender melhor a base neural vinculando a experiência religiosa, assim como se faz com a emoção, a memória e a linguagem. As imagens do lobo parietal superior acusavam uma queda na atividade dessa região, as imagens dos lobos temporais na região do "cérebro emocional", também conhecida como sistema límbico, indicam uma atividade intensa dessas áreas durante a oração e meditação. Assim, as práticas religiosas podem melhorar a qualidade de vida das pessoas.

Os nervos do cérebro, que se comunicam com todo o organismo, são os únicos instrumentos pelos quais o Céu pode se comunicar com o homem e afetar sua vida mais íntima. (White, 2007)

Conforme Barna (1997), as vantagens usufruídas pelos cristãos de visão são suas habilidades de tomar decisões difíceis e de arcar com as consequências dessas escolhas.

Na Bíblia Sagrada, mais precisamente em Gênesis 2:7, o texto cita a criação do homem e suas características: "Então, formou o Senhor Deus o homem do pó da terra e lhe soprou nas narinas

Desprenda-se

o fôlego de vida, e o homem se tornou alma vivente". Podemos detalhar essa citação em uma fórmula simples:

Pó da terra + fôlego de vida = alma vivente

Melgosa e Borges (2017) pontificam: é importante notar que o texto diz que "somos" uma alma vivente e não que "temos" uma alma. A palavra "alma", no original hebraico, é *nefesh*, que significa "ser vivente". No "Pó da Terra" podemos compreender nossa estrutura física e química: os carbonos, hidrogênios, nitrogênios e macro e micronutrientes que compõem o corpo e estão relacionados também à terra.

Quando analisamos o "Fôlego de Vida", podemos citar o texto bíblico em 1 Coríntios 6:19 e 20: "Ou não sabeis que o vosso corpo é o templo do Espírito Santo, que habita em vós, proveniente de Deus, e que não sois de vós mesmos? Porque fostes comprados por bom preço; glorificai, pois, a Deus no vosso corpo, e no vosso espírito, os quais pertencem a Deus".

Cristo, criador do mundo, e de tudo que nele há, é a vida e a luz de toda a criatura vivente. Nossa vida deriva de Jesus. NEle está a vida, original, vida não emprestada, não derivada. Há em nós um fluxo da fonte da vida. (White, 2008)

Para Souza (2013), a fé cura. Ultimamente têm sido conduzidos trabalhos científicos mostrando que há uma forte relação entre a fé e melhores respostas fisiológicas em nosso organismo. Segundo Dr. Harold Koenig, a prática da fé religiosa produz: melhora do sistema imunológico; menores taxas de morte pelo câncer; menos doenças e melhores resultados cardiológicos; menos tabagismo; vida significativa e com propósito; bem-estar, esperança e otimismo; menos depressão e mais rápida recuperação; menores taxas de suicídios; menos ansiedade e medo; maior satisfação e estabilidade conjugal; maior apoio social, entre outros.

Perretti (2011) cita pesquisas em que os pacientes estão interessados em integrar a espiritualidade com seus cuidados de saúde. Mais de 75% dos pacientes pesquisados querem que os médicos incluam questões espirituais nos seus cuidados médicos, cerca de 40% querem médicos para discutir a sua fé religiosa com eles, e quase 50% gostariam de médicos para rezar com eles. Outras pesquisas dizem que os médicos parecem concordar que o bem-estar espiritual é um importante componente da saúde e que deve ser abordado com os pacientes, mas apenas uma minoria (menos de 20%) costuma fazê-lo com alguma regularidade.

De acordo com Fonseca e De Matteu (2017), é adequado um profissional pautar sua própria vida pelos princípios éticos, morais e espirituais. Assim, poderá ser movido pela compaixão por seu semelhante, entendendo o que é fraternidade. Compreendendo que a vida é dádiva, é presente, é sagrada, tornando-a mais proveitosa e repleta de significados enriquecedores. Então, conecte-se à Fonte da Vida!

Roda espiritual

Responda a este questionário classificando cada palavra-chave com a nota de 1 a 10 (sendo 1 para pouco significativo e 10 para muito significativo), analisando o quanto ela é considerável e relevante para você, e obtenha a sua classificação ESPIRITUAL.

1. **Paz** – Vive sem conflitos internos e externos. Obtém calma e tranquilidade de uma mente harmoniosa. Nota de 1 a 10 _____
2. **Esperança** – Acredita que resultados positivos virão para a vida pessoal e persevera até esse momento. Nota de 1 a 10 _____
3. **Confiança em Deus** – É seguro na provisão de Deus em sua existência e saúde, que Ele o sustenta. Nota de 1 a 10 _____
4. **Oração** – Costuma orar, pedir e agradecer por boa saúde e plenitude física, mental e espiritual. Nota de 1 a 10 _____
5. **Leituras Espirituais** – Busca conhecimento examinando livros, sites e revistas sobre temas espirituais. Nota de 1 a 10 _____
6. **Servir** – Tem prazer em assessorar os familiares e amigos em suas necessidades. Auxilia o próximo. Nota de 1 a 10 ___
7. **Amar** – Aprecia a si mesmo e deseja o bem a outra pessoa. Entende que o amor traz paz e saúde. Nota de 1 a 10 _____
8. **Fé** – Acredita que Deus é a fonte da vida e saúde, e através dEle a felicidade plena estará mais próxima. Nota de 1 a 10 _____
9. **Templo** – Compreende que o corpo é templo do Espírito Santo e que devemos cuidar da vida por amor. Nota de 1 a 10 _____
10. **Perseverança** – Tem força e paciência na busca pela qualidade de vida, não desiste desse desafio. Nota de 1 a 10 _____
11. **Verdade** – Procura ser fiel e autêntico nas decisões, sendo verdadeiro em suas palavras e ações. Nota de 1 a 10 _____
12. **Dons e Talentos** – Entende suas capacidades naturais como forças motivadoras para realizar seu propósito. Nota de 1 a 10 ___

Preencha a roda espiritual, tire uma foto e envie para o *e-mail* marcelo@sementestecnologicas.com.br e você receberá um brinde muito especial totalmente grátis!!!

Desprenda-se

Referências

BARNA, George. *Transformando visão em ação*. Campinas: Editora Cristã Unida, 1997.

FONSECA, Raquel; DE MATTEU, Douglas. *Os segredos do Coaching Cristão*. São Paulo: Editora Literare Books, 2017.

MELGOSA, Julián; BORGES, Michelson. *O Poder da esperança: segredos do bem-estar emocional*. Tatuí: CPB, 2017.

PERRETTI, Milton J. *Religião faz bem à saúde*. São Paulo: Editora Genitrix, 2011.

RABELLO, Maria do C. *Inteligência Espiritual*. Tatuí. CPB, 2008.

SOBRINHO, Alfredo W. *O psicólogo, o teólogo e o samurai: uma história sobre a superação mental, espiritual e corporal*. 1. ed. Maringá: Editora Massoni, 2012.

SOUZA, Cesar V. Saúde total: *a cura que você precisa do jeito que Deus prescreve*. Tatuí. CPB, 2013.

WHITE, Ellen G. *Conselhos sobre saúde*. Tatuí: CPB, 1993.

_____. *Medicina e salvação*. Tatuí: CPB, 2008.

_____. *Mente, caráter e personalidade I*. Tatuí: CPB, 2007.

Capítulo 17

Reinvente-se, viva a sua melhor versão!

Mariana Cristina Simões Avanço

Neste capítulo, você vai encontrar estratégias para atingir sua melhor versão, e quais recursos pode utilizar para reconhecer suas principais forças, e gerir melhor seus sentimentos. Adquirir meios para reinventar um caminho totalmente novo!

Mariana Cristina Simões Avanço

Head trainer, terapeuta holística, *master coach* pelo Instituto Brasileiro de Coaching – IBC, *master practitioner* em PNL pela Sociedade Internacional de PNL, hipnoterapeuta clínica pelo Instituto Brasileiro de Formação em Hipnose – IBFH e Ericksoniana pela ACT Institute. Neuropsicóloga biomagnética pelo Instituto Salgado, com formação em Gestão de Projetos e *Business English* pela Universidade de Ohio, Gestão de Pessoas e *Coaching* (IBC) e Psicologia Positiva (IBC), treinadora comportamental pelo Instituto de Formação de Treinadores – IFT. Advogada (PUC-PR), especialista em Direito Empresarial e Trabalhista (Faculdade Damásio de Jesus). *Head trainer*, analista comportamental e treinadora de alto impacto. Palestrante e consultora de Desenvolvimento Humano. Idealizadora dos métodos "Reinvente-se", "Bora Passar" e "Aprovação".

Contatos
avancotreinamentosedh@gmail.com
LinkedIn: Mariana Avanço
Instagram: marianaavanco
(43) 98817-6812

Hoje nos deparamos com um mundo cheio de decisões a serem tomadas, pessoas insatisfeitas, ou então momentos em que nos perguntamos o que estamos fazendo da vida.

Existem caminhos, meios para nos desenvolver, para reconhecer o que temos de melhor, deixar coisas que nos atrapalham para trás, nos permitindo viver uma vida feliz, abundante, de reconhecimento próprio e de vínculos mais fortes com pessoas que são importantes na nossa vida.

E você encontrará neste capítulo recursos para lidar com diversas situações da sua vida!

Feliz ou infelizmente, mentiram para você!

Não sei se já ouviu esta velha e conhecida pergunta: "O que vai fazer da vida?". Ou então a frase: "As escolhas que fizer hoje você terá que seguir pelo resto da vida".

Mensagens como essas são transmitidas com uma certa frequência, mas você realmente tem que fazer *pelo resto da sua vida* algo que está decidindo hoje?

Ou então as famosas frases: "Você não está velho demais para mudar?", "Vai mudar sua carreira com essa idade?". E por que não? Quais sonhos foram engavetados ao longo do caminho que causam sofrimento para você até hoje?

Acredite, **você pode, sim**, pode mudar, fazer novas escolhas hoje e mudar de ideia depois! Nada é para sempre. No momento, você pode fazer a escolha que mais faz sentido. Mas e depois? Depois você pode ver como estão as coisas, se era ou não o que esperava. Afinal, como sabe que não funciona se não tentar?

Existem barreiras? Incômodos? Sim, mas você, verdadeiramente, está confortável com a ideia de hoje ter que decidir o que vai fazer a vida inteira? Ou esperar que alguém com 17 anos decida? Será que tem que lidar hoje com as escolhas que fez há muito tempo e não se sente feliz ou realizado com isso?

Mas antes de tomar qualquer decisão e jogar tudo "para o alto", convido você a terminar a leitura deste capítulo.

Desprenda-se

Você realmente sabe como está hoje?

Essa pergunta pode ser chocante, mas é necessária neste momento. Você sabe os seus pontos fortes e pontos de melhoria, e como trabalhá-los? As escolhas que está tomando hoje estão baseadas nesses conhecimentos a seu respeito?

Quando você se depara com essa pergunta, o que lhe vem à cabeça? Aquela resposta pronta, que você tem dado desde os seus 10, 15 ou 17 anos? Ou tem reescrito com frequência os detalhes que descrevem para você? Tem se permitido descobrir tudo o que mudou a seu respeito nos últimos tempos?

Então aqui começa o seu desafio de desprender-se, convido você a tirar uns minutos para responder às perguntas abaixo, afinal pode ser o seu primeiro passo para combater as mentiras contadas para você ao longo dos anos.

1. O que realmente importa para você hoje?
2. O que você ama fazer que torna a sua vida e a vida das pessoas melhores?
3. Quais são seus pontos fortes?
4. Quais são os seus pontos não fortalecidos?
5. Qual o seu propósito de vida?
6. Por que me levanto todos os dias? O que me move?

Parabéns, agora você tem artifícios para combater as mentiras e iniciar seu caminho para a melhor versão de você mesmo!

Diferenciando emoções de sentimentos

As emoções são um conjunto de respostas neurais e químicas, que ocorrem nas regiões subcorticais do cérebro, amígdala e córtex pré-frontal ventromedial. Essas surgem quando recebemos um estímulo *externo*.

Já os sentimentos ocorrem nas regiões neocorticais. Eles são a representação de como reagimos e nos associamos às emoções, são diretamente influenciados por memórias, crenças e experiências vividas, ou seja, sentimento é a forma como reagimos a uma determinada emoção.

As emoções e os sentimentos estão relacionados, porém as emoções são a origem, passamos a ter consciência de qual será a reação diante de uma emoção, assim conseguimos mudar a forma de pensar e de reagir, mantendo seu equilíbrio emocional.

As emoções são coisas positivas, uma vez que contribuem diretamente com a nossa sobrevivência e, se utilizadas da maneira correta, podem impulsionar de uma forma incrível diante das mais diversas situações do dia a dia.

Se analisarmos a ciência e a medicina germânica, iremos perceber que nosso contato com emoções e sentimentos acontecem ainda na vida intrauterina e, a partir dessa etapa, até nossos 7 anos desenvolvemos o que a PNL chama de padrões, ou outras linhas terapêuticas nomeiam como programas emocionais. Desses padrões surgem comportamentos que podem refletir em toda a sua vida, caso não seja "reprogramado", ou seja, que você dê uma nova percepção aos padrões criados.

Resumindo, nossas emoções são apenas reações diante de algo externo. Por isso são passageiras. Já o sentimento é a percepção diante daquela emoção, sendo duradouro e permanece como um padrão até ser reprogramado.

Um exemplo que pode ajudá-lo a entender melhor o sentimento é:

Situação 1 – uma pessoa vai andar de montanha russa e começa a ter taquicardia, sentir a respiração mais ofegante e acha que vai morrer. Entra em estado de pânico. E desiste, porque entendeu que estava sentindo medo!

Situação 2 – uma pessoa vai andar de montanha russa e começa a ter taquicardia, sentir a respiração mais ofegante, fica animadíssima. Entra em um estado máximo de excitação. E começa a buscar cada vez mais desafios e aventuras.

Podemos perceber que, nos dois casos, a reação fisiológica foi a mesma, mas um percebeu como algo assustador e desistiu, e o outro percebeu como uma "adrenalina" boa, que o levou a buscar cada vez mais aventuras.

Mudando seu estado fisiológico!

Entendemos que corpo e mente estão diretamente relacionados, que nossa fisiologia afeta nosso estado mental além dos sistemas respiratórios, tônico postural, expressão corporal, facial e pontos de tensão. Por exemplo, já parou para observar pessoas extremamente alegres e outras em estado de grande tristeza?

Quando estamos alegres, nosso corpo assume uma postura ereta, sua respiração assume um ritmo mais acelerado, enquanto pessoas com grande tristeza se curvam, sua respiração possui um ritmo mais lento.

Talvez, até agora, tenha se percebido com uma tristeza muito grande, mas desafio você a mudar sua fisiologia agora, neste exato momento! Topa?

Desprenda-se

Arrume a sua postura, fique o mais ereto possível, queixo alinhado para frente, se possível fique em pé, mantendo uma certa distância entre os pés. Lembre-se do momento mais feliz da sua vida, busque se lembrar dos detalhes, tudo o que estava à sua volta, qual o som da voz das pessoas à sua volta? O cheiro do ambiente? Tinha música? Era dia ou noite? Quem estava com você?

Como se sente? Está melhor agora do que estava antes de iniciar o desafio? Pois é, nossa mudança fisiológica interfere diretamente no nosso estado emocional.

Existem algumas outras formas que podem ajudar você, que tal?

Ouça uma música animada que goste muito. Pense em pelo menos cinco lugares que deseja conhecer. Coisas que dão prazer em fazer (cuidado para não escolher "obrigações" cotidianas). Coisas que relaxam! Esses são recursos que você sempre pode utilizar em seu favor e viver uma vida mais feliz!

"Mude seu pensamento, mude sua fisiologia e alcance o que você precisa".

Técnicas e terapias, como elas podem ajudar?

Os maiores meios de mudança acontecem quando percebemos nossas reações e decidimos tomar as decisões assumindo um novo padrão. Assumindo uma nova percepção dos nossos padrões. E, talvez, possamos compreender que não existe certo ou errado quando se trata de decisões, apenas testes, e diferentes soluções. E que, se não sair exatamente como planejado, você pode olhar de uma forma diferente, entender onde não saiu exatamente como o esperado e começar de novo!

As terapias, técnicas e ferramentas têm seus estilos, direções e meios de auxiliá-lo em seu autoconhecimento, assim como pode ajudar você a descobrir as melhores estratégias para realizar as mudanças que tanto deseja!

Hoje você pode buscar esses recursos por diversos caminhos, como técnicas de *coaching*, programação neurolinguística, hipnose, neuropsicologia biomagnética e psicoterapia, entre tantas outras. Recursos que irão auxiliar você no caminho para a melhor versão de si mesmo.

Desprenda-se, reinvente-se, viva a sua melhor versão.

Parabéns, você chegou até aqui! E agora você sabe que existem diversas possibilidades de ser a sua melhor versão.

Que tal se permitir desprender-se de medos e mentiras? Que tal deixar para trás percepções negativas e mudar sua fisiologia para uma percepção mais positiva da vida?

Reinvente-se! Viva a melhor versão de si mesmo! Você pode!

Referências

ANTUNES, Celso. *A inteligência emocional na construção do novo eu*. 5. ed. Petrópolis: Vozes, 1998.

DAMÁSIO, António R. *O erro de Descartes: emoção, razão e cérebro humano*. 20. ed. Portugal: Fórum da Ciência, 2000.

Capítulo 18

A vida sendo cultivada como ela é

Newton Moraes de Paula

Este texto não é para os perfeitos. Nem para os que respondem estar tudo bem não estando. Os que não choram e fogem de si mesmos irão se decepcionar ao perceber que a vida não é um aquário. Parece mais um oceano calmo ou revolto, mas sempre inexplorado. Ela pode inclusive ser uma merda, um inferno ou paraíso, o importante é vivê-la como queremos que ela seja. A minha, uma aventura misteriosa.

Newton Moraes de Paula

Psicólogo formado pela PUC de Campinas em 1990. Pós-graduado em Administração de Empresas pelo INPG. *Master, Business and Executive Coach* pelo IBC. Capacitado em Franchising, Gestão de Redes de Franquias – ABF. *Trainer of trainers* – Introdução à Ciência da Prevenção, Intervenções de Prevenção Base Escola para Coordenadores pela Colombo Plan e ISSUP. Analista Comportamental – Avaliação Profiler – Solides, Assessment DISC - IBC e ENEAGRAMA. Atua como psicólogo clínico em consultórios (Campinas e Atibaia). Psicoterapia individual e de família. Atende *on-line*. Consultor em Gestão de Pessoas realizando treinamentos corporativos para o desenvolvimento da *performance* de pessoas e equipes. Desenvolve *coaching* para negócios, executivos, carreira, vida. Readaptou e aplica a metodologia do Programa Freemind, de Augusto Cury. Organizador de diversos eventos e grupos de encontros como facilitador de processos grupais e desenvolvimento pessoal. Escreveu a cartilha "Viradas da Prevenção".

Contatos
newtonmp@hotmail.com
Facebook: psicologonewton
Instagram: newtonmoraesdepaula
LinkedIn: Newton Psicólogo
Telefone/WhatsApp: (55) 11 99697-6269

Newton Moraes de Paula

A vida merece ser como queremos que seja, pode ser que enxerguemos o mundo como uma pulga num cão, dizia meu amigo Luiz Victor, que amava as pessoas, animais e natureza na sua essência, sem julgamentos ou expectativas.

Escrevi este texto inicialmente para mim mesmo e para outros como eu, que choram ao contemplar a vida, que sofrem diante de injustiças sociais, que são empáticos com o próximo. Espero favorecer o pensamento crítico e não dar soluções. Quero que mais pessoas como eu, que têm dificuldades em mudar hábitos, têm medos, que acumulam objetos, que são presas às rotinas e sentimentos, possam se inspirar e escrever a sua própria história.

Venho refletindo sobre o meu atual modo operante, como estou fazendo as minhas escolhas, as repetições de padrões, seguindo grupos, me desconectando do meu *self*. Encontrei aqui uma força necessária para romper com as minhas inércias psíquicas. Uma excelente oportunidade para novos saberes, praticar o desapego e romper emoções negativas. Busco ser um inovador de mim mesmo. Fortaleço a minha coragem para fazer as mesmas coisas de formas diferentes e me aventurar a fazer coisas novas. Não quero aprender apenas por modelagens e repetições automáticas, nem por influências de um sistema consumista e individualista. Sinto que estou no caminho dessa inovação, procurando focar o meu olhar para dentro de mim, na minha alma. Quero ir ao meu encontro com a mente livre para viver o presente, sem perturbações persistentes fruto das histórias traumáticas. Como descreve Cury, no Programa Freemind, que as memórias acontecem como janelas *killer* e *light* (Teoria Multifocal). Ele sugere a técnica do DCD, um diálogo interno do Eu para *duvidar* e *criticar* os pensamentos e *determinar* ações conscientes.

As nossas incertezas podem ser ótimas aliadas do nosso pensar diferente, mas é necessário desenvolver a consciência, ser ousado para querer fazer o "novo".

Tudo em nossa mente deveria fluir naturalmente, movimentando-se, abrindo espaços para o novo pensar e sentir. O passado se liga ao futuro pela ponte do presente. Uma ponte que deveríamos viver livremente para ser quem somos hoje.

Desprenda-se

Reconhecer e aceitar as nossas histórias é assumir a própria existência, facilita a tomada de consciência. Sem ela não haverá mudanças. Este é o caminho do desapego. Necessitamos ser menos marionetes do sistema econômico-político-social, que provoca dores e vende prazeres caros, provoca uma cegueira coletiva que destrói os valores da humanidade.

Convido você a refletir sobre o nosso viver, descobrir como é possível se ter uma vida psíquica e emocionalmente saudável, como as nossas experiências vão sendo armazenadas na mente conforme as interpretamos. Quantas vezes fazemos tarefas repetindo o que já fizemos? O jeito de andar, falar, gesticular, pensar e sentir tudo parece seguir um mesmo caminho já conhecido. Processamos automaticamente as informações que os nossos sentidos captam dos estímulos externos. Fazemos isso desde o ventre materno. Sabemos pouco de nós mesmos. Quem sou? Como vivo? O que quero e não quero? Perguntas que o homem faz há muito tempo. Hoje, a sociedade se interessa em saber pelo que eu faço ou vou fazer, os valores estão na utilidade e produtividade do sistema.

Seríamos nós diferentes dos animais no pensamento, raciocínio, consciência? E de que vale isso se não os utilizamos de forma libertadora? Ficamos ainda menos autores de nossas histórias quando fazemos o que não queremos, mais para se "integrar socialmente e economicamente". Escuto muitas pessoas no meu trabalho dizendo que estão perdendo a sua saúde mental, física, emocional, social e espiritual, devido a estarem vivendo de forma incongruente aos seus princípios, valores e jeitos naturais de ser. Tornando-se personagens representativos de grupos e não de si mesmas. Isso acontece em famílias, trabalho, escola, instituições religiosas, grupos sociais e políticos.

A falta de pessoalidade parece desfavorecer o desenvolvimento da individuação saudável e consciente. Na minha profissão, facilito as pessoas a encontrar o seu EU, retomando seu processo de *tornar-se pessoa*, que respeitem tanto a si quanto ao outro como são, que promovam sua evolução. Nesse contexto, tenho que abdicar e abandonar qualquer expectativa sobre o outro. Na relação, me envolvo empaticamente, promovo a aceitação incondicional, permito a construção de um ambiente confiável, sem julgamentos, acreditando muito na *tendência atualizante*. Conceitos aprendidos na Abordagem Centrada na Pessoa (ACP), de Carl Rogers. Lembro-me de participar de vários grupos de encontros com pessoas da ACP, havendo sempre um ambiente pautado pelo respeito à pessoa e à sua liberdade de simplesmente ser. Foram experiências fenomenológicas indescritíveis que teceram processos transformadores em mim.

Temos visto a evolução da nossa espécie, com avanços incríveis na tecnologia. Quando falamos de nós mesmos parece ficarmos atônicos. Vejo tantas pessoas sofrendo com a falta de gestão de seus pensamentos e emoções, gerando transtornos fóbicos, de ansiedade, depressão, compulsão, entre outros. O que poderia ser evitado se o caminho fosse para o autoconhecimento. Não aquele das promessas de livros de autoajuda ou de "terapias mágicas", mas o seu próprio despertar consciente, para se conhecer e reconhecer como é realmente, num encontro existencial.

Olho para as pessoas não pelo que fazem e nem pela sua "utilidade", mas pelo que não fazem e pelo que simplesmente são. Acho incrível quando a pessoa se respeita, em escolher para si mesma o que quer realizar e o que não fazer. Isso é fundamental para um melhor viver. Ficamos ocupados em demasia, talvez uma boa proposta seja esvaziar-se, fazer menos. Viver mais com menos atividades pode ser um caminho interessante para muitos. Para outros, talvez seja escolher novas atividades, trabalhos, amizades, estudos que promovam relações agradáveis, amistosas, saudáveis consigo mesmos.

Para isso, temos que experimentar perdas e entender que para tudo há o seu tempo. Validar as relações amorosas diariamente com laços e não nós, fazer acordos e cultivar a afetividade espontânea facilitam sua construção e fortalecimento.

As decisões que fazemos em nossas vidas deveriam passar antes pela congruência de nossos sentimentos e pensamentos, para que as escolhas de nossas ações representem na plenitude o nosso jeito de ser. O ser autêntico – reconhecer o Eu e o Tu, se relacionar sendo como é verdadeiramente – nos ajudará a expressar nossas verdades e isso contribuirá para a saúde pessoal e coletiva.

Devemos reconhecer o quanto é difícil realizar mudanças pessoais de comportamentos e pensamentos. Os nossos hábitos servem para facilitar e economizar energia cerebral. Estar na zona de conforto também apresenta seus benefícios. Tudo que fazemos e repetimos a mente tende a aprender a se acomodar. Buscamos o equilíbrio e, quando o temos, provocamos o desequilíbrio, somos seres paradoxais.

Procurei nesses últimos dias experimentar viver no simples. Aceitando fazer menos coisas, me centrando, procurando sentir mais. Fiquei feliz ao perceber que o mundo continuou do mesmo jeito sem a minha participação mais ativa. A cada dia, passamos

Desprenda-se

por experiências novas mesmo que elas pareçam ser iguais. São momentos que nunca existiram, cada situação terá o seu próprio significado conforme nossa interpretação

As pessoas que chegam à psicoterapia ou ao *coaching* buscam o seu desenvolvimento e melhorar sua vida. Encontram as causas dos problemas e o que devem fazer para evoluir, mas quando chegam à etapa de realizar as mudanças pessoais, muitas desistem. Isso mostra o quanto é difícil mudar padrões constituídos ao longo da vida. Quanto mais forte os sentimentos envolvidos naquele comportamento, mais difícil será a mudança.

Enquanto alguns querem descobrir as causas de seus desconfortos, outros buscam treinamentos incessantes para aumentar o desempenho. Em ambos os casos, estão sujeitos ao fracasso. Antes de mudar o mundo, temos que aprender muito a conhecer nosso mundo interno. Respeitar os limites, os momentos de buscar melhorias e outros para manter como estão.

Gosto de degustar as vicissitudes de nossas histórias. Vejo que há correlações entre o caos e a ordem, que há contribuições com o anarquismo para se encontrar uma nova estabilidade. Tenho apreço pelo humanismo, que considera o homem como ser único e acredita na capacidade evolutiva da humanidade. Cada pessoa tem o direito de encontrar o seu próprio jeito de ser e de escolher como quer viver.

Muitos ainda buscam soluções mágicas, transferem a responsabilidade da sua vida para outros. Querem aliviar as dores e buscam o prazer imediato. Fogem de si.

Vou contar um episódio transformador da minha vida. Que me ajudou a realizar mudanças. Há coisas que não entendemos e basta aceitá-las, esta é uma delas.

Enquanto vivia uma juventude comum aos 18 anos, apresentei sintomas de falta de ar, dor no peito, cansaço, fadiga e arritmia cardíaca. Isso acontecia fazendo esporte ou em repouso. Relatando isso aos meus pais, começamos uma peregrinação a hospitais e médicos. Eu receava que pudesse ser algo sério, mas negava que fosse. Como os exames não foram conclusivos e os sintomas se mantinham, minha sábia e destemida mãe levou-me ao Dr. Leal, médico pediatra em que confiávamos desde a infância. Ele pediu para repetir os exames, mas antes tranquilizou-me com seu jeito amável, pedindo para relaxar e confiar, que isso ajudaria a vencer aquele momento. Realizei os exames, sem me preocupar com o resultado. Concluída a avaliação, voltamos ao médico, que diagnosticou defeito do septo ventricular, onde o sangue venoso estava indo para o sangue arterial, fazendo faltar oxigênio no sangue. Disse que poderia ter rompido por razões de esforços ou estar assim desde o meu nascimento. Tratamento cirúrgico. Fiquei apreensivo e com medo da morte. Foi quando apresentou outra opção, "cirurgia ou talvez você possa se curar". Fiquei intrigado, mas ele preferiu calar-se e marcou nova consulta. Pediu para que pensasse a respeito. Passei os próximos dias inquieto e triste. Ao voltar à consulta, fui logo perguntando: "Como eu posso me curar?". O Dr. Leal me falou que eu teria que fazer mudanças de hábitos. Parar de fazer atividade esportiva, parar de fumar, que fizesse as refeições sem pressa, fizesse dieta com produtos cicatrizantes, usasse florais e fizesse meditação. Tudo parecia ser possível de se realizar. Eu me assustei ao escutar que aquele tratamento duraria um ano. Aceitei o desafio e iniciei tudo conforme a indicação. Cessei os esforços físicos, evitando acelerar o coração. Parei de fumar. O carinho da família foi fundamental, preparavam dieta de couve, de confrei, de outras. Para relaxar, estudei e descobri que meditar era o ato de focar a atenção para dentro de mim. Então, iniciei uma jornada pessoal. Chegava em casa de volta da escola, ligava o som com músicas clássicas e relaxantes, tirava a roupa e deitava nu no chão. Harmonizava a minha mente, conversando com as partes do corpo. Falava palavras amorosas, em especial com o coração. Antes mesmo de quatro meses, os sintomas foram desaparecendo, já não sentia dores e respirava normalmente. Fiz novos exames e os resultados revelaram a cicatrização do septo. Continuei o tratamento por mais um tempo e fui voltando a praticar esporte. Nunca mais os sintomas voltaram.

 Acredito que todos têm experiências que nos reconectam com a nossa essência. Somos mais capazes de realizar mudanças significativas quando nos reconhecemos e valorizamos a vida. Sinto que o conhecimento base já está dentro de nós. Parece que provocamos e criamos problemas e adoecemos. A reflexão aqui refere-se à necessidade de encontrarmos caminhos inovadores. Temos que nos aventurar saindo do conforto. Do contrário, não poderemos sentir os sabores de cada momento da existência. A vida merece ser vivida como queremos que ela seja. Se pretendermos viver cada momento pelo que ele é hoje, precisaremos aprender a perder. O caminho para a autorrealização é uma jornada que passa pelo autoconhecimento, autoaceitação, autodesenvolvimento, autoconfiança e autoestima. A liberdade de promover a inovação permite-nos assumir a arte do nosso existir, no sentido do equilíbrio, da homeostase. Assim como semeamos, cultivamos e colhemos, nos conhecemos, nos desprendemos e nos curamos.

Referências

CURY, Augusto. *Mente livre, emoção saudável*. Ed. Sextante, RJ, 2012.

FRANKL, Viktor E. *Em busca de sentido*. 43. ed. Editora Vozes, 2018.

GAMA, Othon. *O código da mudança*. 1. ed. Editora Gênios, SP, 2016.

MARQUES, José Roberto. *Máxima performance*. Editora IBC, 2018.

ROBBINS, Anthony. *Poder sem limites*. 10. ed. Editora Best Seller, 2009.

ROGERS, Carl R. *Tornar-se pessoa*. 2. ed. Livraria Martins Fontes.

ROSENBERG e ROGERS. *A pessoa como centro*. Editora Pedagógica e Universitária Ltda, 1977.

WOODCOCK, George. *Os grandes escritos anarquistas*. L&PM Editores, Porto Alegre, 1977.

Capítulo 19

A expansão da consciência para o avanço da humanidade

Paulo Belon (Purusha Prem Nath)

É comum nos depararmos com céticos quanto à eficácia das terapias naturais, é certo que somos bombardeados por "invenções milagrosas" que prometem resolver nossos problemas quando na verdade são idealizadas para lucrar com aqueles ávidos por melhoria. Mas poderiam as terapias naturais ser incluídas nessa categoria? Bem, espero ser uma contribuição para a sua vida, como você está sendo para a minha.

Paulo Belon (Purusha Prem Nath)

MBA em Gestão Empresarial (UNICSUL), Pós-Graduado em Maçonologia: História e Filosofia (UNINTER). Graduação em Comercio Exterior (FCDA) – Astrofísica (UFSC), Economia (IBMEC), Gestão Comercial (FMU), Gestão Fiscal (SENAC). Após uma experiência meditativa em estado de hiperconsciência, mudei completamente minha vida, abandonei velhos hábitos e me alinhei com meu propósito de vida em ser um curador energético. Psicoterapeuta holístico, Terapeuta Tântrico, espiritualista, facilitador de Barras de Access, mestre em Reiki Tradicional e Tibetano. (CRTH-BR 4868).

Contatos
www.sementesestelares.com
paulo.belon@sementesestelares.com
Instagram: sementes.estelares
(11) 98600-9310

Cada opinião é apenas um interessante ponto de vista, quando compreendermos isso, o ponto de vista alheio que nos afronta deixa de ser um problema, notamos que é apenas uma opinião diferente sobre determinado assunto, a polarização desaparece e sobressai a igualdade, poderíamos conviver em harmonia se celebrássemos as diferenças, todavia escolhemos viver em intensos conflitos para comprovar que estamos certos, não pretendo ser o retentor da verdade absoluta, tampouco cair na hipocrisia de tentar impor algo, temos a capacidade de atestar sozinhos a veracidade de uma informação, peço apenas que leia cada linha com a mente e o coração abertos, e esteja receptível para que, se for o momento, possa expandir a consciência para uma nova realidade.

As grades da mente

Fomos treinados a nunca questionar, não criticar e aceitar as verdades que nos são dadas, uma pessoa sem questionamentos não evolui, visto que desenvolve uma "couraça de ignorância" que age como uma armadura intransponível a conhecimento, a pessoa se torna refém de si mesma acorrentada à própria ignorância.

Exemplificando, o formato geoide do nosso planeta pode ser comprovado de diversas formas, entretanto um terraplanista, mesmo que veja uma imagem do globo em tempo real, certamente irá dizer que se trata de uma manipulação do governo. Não seja inteligente demais para aprender, ou estará sujeito a ser refém da própria mente e viver acorrentado a um pensamento pré-histórico, para que seja revelada uma realidade mais ampla, o processo de transformação deve acontecer de dentro para fora e não ao contrário. O formato da Terra é corroborado pela ciência e mesmo assim há aqueles que estão inclinados a discordar disso, mas e o que não é sustentado pela ciência ainda? Bem, automaticamente é desclassificado pela maioria, mesmo que as terapias tenham respaldo científico, ainda encontram resistência em ser levadas a sério como um método eficaz de cura, para compreender a magnitude dessas ferramentas, temos que expandir nossas consciências e dissolver as crenças limitantes que nos foram implantadas.

Desprenda-se

A transição planetária

Nosso planeta está passando por uma transformação, isso vem acontecendo há décadas, no entanto, o processo intensificou-se em 2012 e acelera cada vez mais, a transição planetária não é nenhuma novidade, deixaremos de ser um planeta de terceira dimensão (3D) para ser um planeta de quinta dimensão (5D), as dimensões são estados de consciência, basicamente vamos ir além de tudo o que temos conhecido como verdade, e participar de uma verdade maior dentro de um nível superior de consciência, teremos maior clareza para compreender a realidade que nos cerca. Todas as nossas limitações e bloqueios são causados pelo medo, quando o medo é superado as limitações desaparecem e podemos enxergar a realidade de uma perspectiva mais ampla, que até então não era acessível.

A Teoria-M sugere que existem 11 dimensões, sendo 7 dimensões além do tempo-espaço que vivenciamos e estariam invisíveis a olho nu, não é nenhuma novidade para espiritualistas, desde os tempos mais primórdios, falar de outras dimensões, realidades paralelas e mundos habitados. Há muito ainda a ser relevado e ainda somos limitados tecnologicamente para compreender assuntos de tamanha complexidade, a espiritualidade sempre esteve à frente da ciência convencional nesses aspectos, os cientistas começaram a compreender que a fisicalidade representa apenas uma fração da nossa verdadeira identidade, em essência somos seres espirituais experienciando uma fase no plano terreno, quando houver entendimento de que não deve haver separação entre tecnologia e espiritualidade, os progressos nesta existência serão imensuráveis, passaremos por um verdadeiro salto quântico de proporções inimagináveis. Confira alguns dos níveis de consciência.

Consciência "3D"

A Consciência "3D" consegue apenas ver o mundo de um ponto de vista físico e material. A pessoa é controlada pelo medo, medo do desconhecido, medo das perdas materiais, medo de que algo ruim aconteça, acredita que a morte é o fim de tudo ou não faz ideia do que acontece depois dela, tem olhos apenas para o trabalho e a construção de um *status* social – indivíduo que entende estar separado do próximo. A vida para essa pessoa parece sem propósito, percebendo os eventos acidentais como uma obra do acaso. Confia somente nos cinco sentidos para se mover pelo mundo. Encontra felicidade em programas irrisórios.

Não se questiona sobre a existência, inconscientemente é manipulada pela mídia, líderes religiosos, propagandas etc.

Consciência "4D"
É o estado de consciência da maioria das pessoas deste mundo, ainda controladas pelo medo, a consciência "4D" é mais esclarecida e quer transcender a dualidade, tem a ideia de que estamos todos conectados de alguma forma, sabe que existe vida além do plano físico. Entende que pensamentos são poderosos e podem mudar a forma como a realidade é percebida. Há uma abertura para privilegiar uma vida saudável por meio de dieta específica e da meditação. Pessoa impulsionada para cuidar do corpo físico e prestar atenção em como as suas ações afetam o ambiente e todos que estão ao seu redor. Questionador, está em busca de um propósito de vida, enxerga o plano evolutivo por meio do ciclo de nascimentos e mortes.

Consciência "5D"
É uma frequência de entendimento mais elevado, a vibração do amor, da igualdade, justiça e respeito por todas as formas de vida da Terra e natureza, é uma pessoa capaz de enxergar a unidade presente no todo, enxerga que não há diferença entre si mesmo e o próximo. Tem a percepção de que somos seres multidimensionais, não teme a morte, pois sabe que é apenas uma transição para um novo estágio, compreende que não existe acaso e tudo na vida tem um proposito, transcende a dualidade (bom ou ruim) e vê todas as experiências como uma forma de aprendizado, vive em paz e harmonia, não existe mais o medo.

Inteligências superiores
Há níveis superiores de consciência, que não temos a necessidade de explanar no capítulo, ainda é inconcebível para nós humanos concernir a complexidade do multiverso, mundos regidos pelas leis universais e as infinitas dimensões além da nossa, entre essas existem seres tão evoluídos que a comunicação com eles se torna impossível, seria como tentar ensinar um coelho a mexer no Photoshop, tente imaginar seres que nem precisam de um corpo físico porque transcenderam a matéria, comece a pensar se os títulos terrenos que temos valem algo na imensidão do infinito.

A Consciência 5D é o estado de consciência crística, os principais problemas da humanidade serão erradicados quando as metas do indivíduo forem o autoconhecimento e a expansão da consciência. Se as crianças soubessem que existem outros mundos e que somos visitados constantemente por seres de outros planetas, seria algo natural para elas, da mesma forma que milhões de pessoas acreditam que foram criadas a partir de um boneco feito de barro. Esteja disposto a se libertar das grades da mente e a evoluir, esteja preparado para enxergar que pode ter vivido uma ilusão durante sua vida toda, como no filme *Matrix*, onde você é o personagem Neo e depende de você despertar para o mundo real. Os avatares como Buda, Jesus e Krishna são irmãos de esferas superiores que escolheram nascer aqui para nos mostrar o que podemos fazer se escolhermos evoluir no caminho do amor, seres brilhantes como Leonardo da Vinci, Einstein, Nikola Tesla e tantos outros que poderia mencionar vieram de orbes mais evoluídas com o objetivo de alavancar a humanidade em conhecimento, mesmo que não soubessem conscientemente da sua verdadeira origem, pois todos nós passamos por um *reset* de memória, normalmente esses gênios são incompreendidos e ridicularizados, e suas maluquices só se provam verdadeiras séculos depois de sua transição (morte), como ainda não resolvemos questões raciais e sociais, o contato direto com formas de vida complexas não será possível, são evoluídos moralmente e tecnologicamente, vibram no amor incondicional por tudo e todos, porém o auxílio dos irmãos superiores pode acontecer de forma indireta, pela escolha de nascer em orbes menos evoluídas, uma pena que temos tanta dificuldade em ver isso, pois são lições valiosas e o progresso poderia ser muito mais efetivo em todas as áreas.

Civilizações antigas

A ideia de que já houve no passado civilizações avançadas como Atlântida e Mu parece improvável para muitos, mas observe o mundo com a consciência expandida, olhe os registros que estão por toda a parte, vão além dos incontáveis monolitos de centenas de toneladas que eram movidos há milhares de anos, atualmente permanecem imóveis e visíveis para aqueles que queiram ver.

Os registros da humanidade

Levando em consideração que parcela robusta da nossa história se perdeu na devastação da Biblioteca de Alexandria, tais como as perdas incalculáveis de obras que continham conhecimentos modernos, e tivemos que redescobri-los ao longo das eras, ainda nos restam muitos registros antigos que comprovam que a raça humana já teve um ápice consciencial. Os Vedas são os primeiros e mais antigos manuscritos da Terra, compilados da forma que estão hoje há 5.000 anos, todos os assuntos relacionados à ciência e à espiritualidade da atualidade estão presentes nos versos descrevendo com clareza conceitos como: a teoria da relatividade, o cálculo da velocidade da luz, a matemática, as leis da Física, Física Quântica, a Medicina, a Arquitetura, o ioga, as artes, a música, a idade da Terra, a Lei do Karma, chacras, mantras, orações, reencarnação, conceitos de alma e consciência e outros planetas.

O Código Isaías foi descoberto nas cavernas no Mar Morto em 1946, o manuscrito faz revelações de conhecimento avançado de Física Quântica sugerindo como podemos moldar nossa realidade, existem bilhões de realidades paralelas e navegamos por elas inconscientemente, nosso mundo exterior é apenas um reflexo do nosso mundo interior, então nosso estado interno nos sintoniza com a realidade que vamos entrar, a realidade em que você é saudável, próspero, famoso... já existe, basta sintonizar com a frequência daquilo que deseja experienciar.

Enfim, por que as terapias holísticas funcionam?

A acupuntura é uma terapia milenar muito respeitada pela medicina tradicional, já provou sua eficiência em milhares de pessoas e se tornará ainda mais popular conforme a transição avança, pare para refletir sobre nosso conhecimento quase nulo em anatomia na idade média e facilmente chegará à conclusão de que a acupuntura é uma técnica além de seu tempo. Muitos afirmam que o *Reiki* se trata de uma técnica japonesa inventada por Mikao Usui, com todo respeito ao nobre *sensei*, esses símbolos, quando traçados, agem em diferentes níveis dos corpos sutis, estabelecendo a harmonia do campo áurico, a técnica nos foi transmitida de uma dimensão superior para potencializar nosso processo de cura e prevenção de doenças, não se trata de invenção humana.

As Barras de *Access* foram canalizadas por Gary Douglas nos anos 80, ou seja, também foi transmitida de uma frequência mais elevada para a nossa realidade por meio de capacidades psíquicas, temos que expandir nossa mente para entender essas ferramentas que nos são disponibilizadas, enxergá-las como algo evoluído que vai além da nossa compreensão atual, são fáceis de aprender, fáceis de aplicar, sem química, sem efeitos colaterais e, o mais importante, funcionam de verdade – estacionar em uma verdade absoluta é o mesmo que se limitar, não há nada de errado em mudar de opinião constantemente, é sinal de que tem se questionado, encontrado novas verdades e evoluído a cada dia.

Desprenda-se

Existem centenas de artigos científicos que respaldam os benefícios da espiritualidade na saúde (não confundir espiritualidade com religião), a espiritualidade é apenas a busca por autoconhecimento e compreensão mais elevada do mundo que nos permeia, é o que nos leva à expansão da consciência para enxergar que a realidade é muito mais incrível do que nos contaram. O julgamento, amargura, culpa, ódio, medo, vergonha e ressentimento são atitudes limitantes que nos prendem a crenças sobre o que é certo e errado, quando nos libertamos dos julgamentos provenientes da dualidade passamos a enxergar as coisas como elas realmente são, passamos a ver um mundo de possibilidades ilimitadas, é uma escolha sua se libertar daquilo que lhe faz mal, cabe a você expandir a consciência e despertar para o novo... desperte!

Referências

BRADDEN, Gregg. *O efeito Isaías*, 2012.

MASUDA, Hiroshi. *Níveis de consciência*. Disponível em: <http://www.nippo.com.br/2.semanal.horoscopo/08_box_niveis_consciencias.php>. Acesso em: 14 de jan. de 2020.

SOUZA, Paulo Bartolomeu Alves Costa de. *O que são os vedas*. Disponível em: <https://www.youtube.com/watch?v=E9MM2dk4hx4&t=3s>. Acesso em: 14 de jan. de 2020.

Capítulo 20

Reiki Usui, cura e espiritualidade

Renata Lameira e Fernanda Afonso

Usui Reiki Ryoho é um sistema edificado que serve como base para outros existentes e contém técnicas e símbolos usados para manter uma vida saudável. Algumas técnicas podem ser utilizadas por não reikianos, porém o uso após uma habilitação fortalece seus benefícios. Reiki é a arte divina da cura e sua prática nos conecta ao amor, aprendizado e evolução espiritual.

Desprenda-se

Renata Lameira

Bacharel em Administração de Empresas, Centro Universitário Celso Lisboa. Habilitada pelo Mestre Fuminori Aoki em Tóquio, Japão (2014). Professora Adjunta FACHA no Curso Oficial de Extensão Universitária em Terapia Reiki, IBPDR. Proprietária do Estúdio Reiki Sagrado, onde há 7 anos atua como terapeuta e professora dos cursos de níveis iniciais e mestrados dos métodos originais de Reiki. Projetos de Pesquisa e Extensão. Filiada à Associação Portuguesa de Reiki.

Fernanda Afonso

Doutora em Ciências pelo Instituto de Nutrição da Universidade do Estado do Rio de Janeiro (INU/UERJ). Professora adjunta do INU/UERJ, nutricionista sanitarista na Secretaria Municipal de Saúde do Rio de Janeiro (SMS-RJ). Atua como terapeuta e mestre formadora em Reiki pelo Estúdio Reiki Sagrado e pelas Faculdades Helio Alonso (FACHA) no Rio de Janeiro/RJ. Filiada à Associação Portuguesa de Reiki desde 2018.

Contatos

Estúdio Reiki Sagrado
Cursos e Terapias Holísticas e Integrativas
Escola Tradicional Reiki Usui
https://www.reikisagrado.com.br/

Renata Lameira
renatalameira@reikisagrado.com.br

Fernanda Afonso
fmafonso@gmail.com

Este capítulo destina-se a reikianos e leigos que tenham interesse em conhecer melhor e vivenciar os benefícios do Reiki. Apesar de termos uma vasta literatura sobre o método Reiki, este não se pode apenas ser aprendido por livros, mídias ou apostilas. Aquele que quiser vivenciar a felicidade de ser um reikiano deve ser sintonizado por um mestre habilitado. Sem essa sintonização não estará utilizando a energia Reiki, mas apenas a sua própria energia, o que pode causar sérios danos à sua saúde.

Reiki 靈氣 é a energia do universo que sustenta a vida. Promove sentimentos de compaixão, serenidade, paz e amor incondicional. Sua duração é infinita e nunca fica obsoleta. É uma terapia holística complementar de origem japonesa, trazida ao nosso conhecimento pelo Mestre Mikao Usui no século passado. Reiki significa "energia vital universal" e o método inclui um conjunto de técnicas destinadas a promover o equilíbrio energético da pessoa. Esse equilíbrio acabará por refletir-se nas diferentes dimensões do físico, mental, emocional e espiritual. Muito simples, o Reiki se projeta por meio dos olhos, boca e mãos do terapeuta sobre o corpo da pessoa. O seu efeito consiste em aumentar a capacidade autocurativa que todos nós possuímos quando estamos equilibrados. Assim sendo, com o uso contínuo do método Reiki, é possível obter:

- Um profundo estado de relaxamento, o que ajuda a aliviar o estresse, a ansiedade e o cansaço generalizado;
- Aumento das defesas do organismo, estimulando o sistema imunológico;
- Redução dos efeitos secundários de remédios controlados e quimioterapia;
- Potencializar o efeito benéfico de outras terapias;
- Eliminação de toxinas;
- Aumento da capacidade de recuperação do organismo depois de uma intervenção cirúrgica.

Não há contraindicações, podendo mesmo ser praticada durante a gravidez. É indicada para pessoas de qualquer idade, inclusive crianças e bebês. O Reiki promove o bem-estar e o equilíbrio do corpo, mente e espírito, a tranquilidade e o autoconhecimento e auxilia nos diversos processos de cura.

De'Carli (2014, p.18) descreve que o "Reiki é um sistema natural de harmonização e reposição energética que mantém ou recupera a saúde. É um método de redução de estresse. Reiki é um sistema próprio para despertar o poder que habita dentro de nós, captando, modificando e potencializando energia. Funciona como instrumento de transformação de energias nocivas em benéficas. Segundo Petter (2013, p.67), "o objetivo principal do Reiki não é só curar doenças, mas também promover o fortalecimento de talentos naturais já existentes, o equilíbrio da mente, a saúde do corpo e, com isso, a conquista da felicidade".

A história do Reiki como conhecemos hoje começa quando Sensei Mikao Usui inicia sua pesquisa aprendendo sobre a energia de cura de um antigo método que havia se perdido. Mas a descoberta somente da fórmula sem o devido conhecimento da sua ativação não lhe dava a habilidade de curar. Assim, pensando em praticar a recém-descoberta, Usui Sensei viajou ao Monte Kurama, em Kyoto, onde se recolheu em jejum por 21 dias, mantendo-se em meditação. No vigésimo primeiro dia, sentiu uma consciência profunda em comunicação com seu Eu Superior e recebeu em sua iniciação o conhecimento de como ativar tal poder de cura em outras pessoas e como usá-lo. Ao descer o Monte Kurama, Usui Sensei tinha conseguido decodificar, reestruturar e resgatar o método milenar de terapia Reiki. Dedicou-se a desenvolver a técnica do Reiki e usar o poder de cura em prol da humanidade. Segundo Peter (2013, p.18), "Usui Sensei criou o conceito "Shin Shin Kaizen Usui Reiki Ryoho" para denominar o poder que sentia dentro de si. Essa expressão significa "Método de cura Usui, por meio da energia espiritual, para curar o corpo e o espírito (ou alma)".

Sensei Mikao Usui levou o Reiki ao conhecimento de todos no Japão e conheceu Chujiro Hayashi, médico aposentado da Marinha, que após sua iniciação no Reiki montou sua clínica em Tóquio. Em 1939, sentiu necessidade de iniciar mestres e escolheu Hawayo Takata como sua sucessora. Sensei Takata trabalhou intensamente o Reiki no Havaí, Japão e EUA, e formou 22 mestres entre homens e mulheres. O método Reiki chegou ao ocidente trazido por ela nos anos 40 e, em 1983, o Reiki entrou pela primeira vez no Brasil. Em 2006 foi instituída a Política Nacional de Práticas Integrativas e Complementares (PNPIC), a partir da Portaria GM/MS no 971, com cinco práticas disponíveis para aplicação no Sistema Único de Saúde (SUS). No ano de 2017 houve a inclusão por meio da Portaria no 849/2017 de mais 14 atividades incluindo a técnica Reiki no SUS, como uma das Práticas Integrativas e Complementares em Saúde (PICS), o que viabiliza sua prática de forma gratuita e contínua (Brasil, 2018).

Usui Sensei obteve a partir de seu contato com a energia Reiki a inspiração para a construção, sistematização ou fundação de seu método de cura: o Sistema "Usui Reiki Ryoho" (Método de Cura Reiki Usui), ou, como ele mesmo gostava de chamar, "o método secreto para alcançar a felicidade". Em abril de 1922, Sensei Usui fundou a "Usui Reiki Ryoho Gakkai" (Sociedade do Método de Cura Reiki Usui), que existe até hoje em Tóquio. Faleceu em 9 de março de 1926, na cidade de Fukuyama, Japão, tendo sofrido um derrame fatal. "Usui Reiki Ryoho Gakkai" manteve-se ativa e desenvolveu um Manual para seus Membros, "Reiki Ryoho No Shiori", publicado em setembro de 1974. O manual foi escrito por Koshiro Fukuoka, membro pertencente à sede, na gestão do presidente da "Usui Reiki Ryoho Gakkai" daquela época, Sensei Hoichi Wanami. Esse manual, baseado nas obras, na instrução oral e nos relatos sobre as experiências vividas por cada mestre dessa associação, destina-se aos novos reikianos para que compreendam bem o que é a Terapia Reiki. O manual é de porte obrigatório, todos os membros possuem essa publicação; nele há explicações sobre como tratar diferentes problemas de saúde, há um resumo dos "pontos" indicados para aplicação de Reiki e estão descritos detalhadamente os procedimentos para realizar os tratamentos. O Centro de Treinamento de Usui Sensei em Harajuku, Aoyama, Tóquio, era tecnicamente um dojo. Seu "lema" sempre foi: "Unidade do eu por meio da harmonia e do equilíbrio". O Reiki então tornara-se uma filosofia de vida e um método de cura que contém em seu corpo filosófico um mapa que nos leva à felicidade, trabalhando o autoconhecimento e a reforma íntima, chamado GOKAI. Além disso, temos as técnicas originais utilizadas no Sistema Usui Reiki Ryoho, um sistema edificado que serve de base para muitos dos sistemas de Reiki existentes hoje no mundo.

Reiki é um caminho espiritual para liberdade, liberação e iluminação. Para trilhar esse caminho, Sensei Usui nos deixou esse mapa, baseado no seu conhecimento e experiência como forma de conduta pessoal, o GOKAI – Cinco Princípios do Reiki que são fundamentais para o verdadeiro despertar:

Desprenda-se

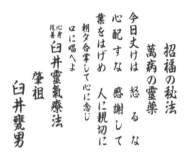

"Shoufuku no hihoo / Manbyo no ley-yaku Kyodakewa
Okura-na
Shinpaisuna
Kanshashite
Gyowohage me
Hitonishinsetsuni
Asa yuugasshoshitekokoroninenji, kushinitanaeyo.
Shin shin kaizen, Usui Reiki Ryoho Chosso Usui Mikao."

"O método desconhecido que convida à felicidade / A terapia espiritual para todos os distúrbios da mente e do corpo / Só por hoje / Não se irrite / Não se preocupe / Expresse sua gratidão / Seja aplicado e honesto em seu trabalho / Seja gentil com os outros / De manhã e à noite, sente-se em posição gassho e repita estas palavras em voz alta, para seu coração / Tratamento do corpo e da alma, Usui Reiki Ryoho / O fundador Mikao Usui."

Uma excelente forma de trabalhar os Cinco Princípios do Reiki é por meio da meditação. Para João Magalhães (2019), o desafio é conseguir focar no tema de cada princípio no momento presente. Para a prática da meditação "Só por hoje", Magalhães sugere que primeiramente o indivíduo deve: sentar-se confortavelmente com a coluna reta; colocar as mãos em Gassho (forma de prece) com a intenção para realizar a meditação; aplicar a respiração Joshin-Kokyuu-Ho; manter concentração neste processo; terminar e agradecer. Todo esse processo pode durar em torno de 10 a 15 minutos.

O Reiki requer trabalho diário, mudança interior, mente limpa e coração aberto às mudanças. Sensei Usui nos deixou 21 técnicas classificadas para identificar o Reiki como um método de elevação da consciência, autotratamento e tratamento a terceiros. O método foi dividido originalmente em três níveis, e as 21 técnicas encaixadas em cada um deles. Para praticar o método Reiki, há a necessidade de uma sintonização energética realizada por um mestre habilitado. O método de ensino foi trazido ao Ocidente da seguinte forma: Nível 1 Shoden, O Despertar; Nível 2 Okuden, A Transformação; Nível 3A Shinpiden, Mestre Interior ou A Realização (De'Carli, 2011a); Nível 3B Shihan-Kak, Mestrado, Gokukaiden, A Passagem do Conhecimento.

As técnicas, assim como os símbolos, são ferramentas para alcançarmos os benefícios necessários para viver uma vida plena e saudável. A classificação das 21 técnicas de Reiki são fruto de estudo cuidadoso dos Mestres Doi Hiroshi, Johnny De'Carli, Richard Rivard e James Deacon, o que nos permitiu listá-las para cada nível de estudo.

Dentre essas técnicas, existem as que podem ser utilizadas por não reikianos, porém, para cuidar do outro com ética e responsabilidade, necessitamos de conhecimento profundo sobre o assunto. Sendo assim, recomendamos que o uso das técnicas seja efetuado apenas por reikianos habilitados por mestres com conhecimento e experiência.

Abaixo, descrevemos, de uma forma bem fácil, as técnicas possíveis de uso sem habilitação no Reiki, porém lembramos que são parte integrante da origem e linhagem do Reiki Usui, por isso devem ser respeitadas. São elas:

Gassho, Reiji-Ho, Kenyoku-Ho, Joshin-Kokyuu-Ho, Hatsurei-Ho, Nadete ou Bushu-Chiryio-Ho, Uchide ou Dashu-Chiryo-Ho e Oshite-Chiryo-Ho.

O não iniciado deve se conectar com sua força interior em uma meditação, mas antes de iniciar o processo faça Kenyoku-Ho (uma limpeza áurica que consiste em tocar o ombro esquerdo com a mão direita e, em seguida, deslizar obliquamente na direção do quadril direito e repetir o processo com a mão esquerda; logo após, repetir o processo com a mão direita. Depois tocar a mão direita no ombro esquerdo e deslizar rapidamente até a ponta dos dedos e repetir o processo com a mão esquerda no ombro direito até a ponta dos dedos); agradecer em posição Gassho (duas mãos em forma de prece na altura do coração) iniciando Joshin-Kokyuu-Ho (respiração com a parte superior do corpo, como se estivesse sentindo o belo perfume de uma rosa) e, após a sua mente se sentir mais leve, faça uma oração sincera (Reiji-Ho). Feito isso, você já utilizou a quinta técnica Hatsurei-Ho (técnica de gerar energia REI). Das técnicas de tratamentos específicos utilizamos Bushu ou Nadete (que tem o objetivo de acariciar/massagear a parte superior e inferior das omoplatas, costas, ambos os lados da coluna, braços – do ombro à ponta dos dedos – e quadril até a ponta dos pés). Uchide ou Dashu (bater com a mão em forma de concha ou as mãos em punho dando marteladas para estimular as partes encouraçadas dos braços, costas e lateral das pernas). Oshite (fazer pressão com os dedos com o mesmo fundamento da técnica chinesa Do-in para liberar a estagnação de energia ou para dor física); De'Carli (2011b).

Reiki é uma energia de cura que é usada para o equilíbrio da mente, corpo e espírito. É o caminho para canalizar a energia da força vital por meio de uma habilitação para uso em si mesmo ou em outra pessoa com o objetivo amoroso de cura e bem-estar geral.

O Reiki Ryoho, a Arte de Cura, tem dois propósitos: cura e espiritualidade. A verdadeira cura acontece quando nos tornamos mais cientes, mais conscientes e mais atentos da nossa conexão com o nosso Eu Verdadeiro, o Eu Divino.

Reiki Ryoho é a Arte Divina da Cura. A prática do Reiki Ryoho é a Arte de Deixar Ir, a Arte da Renúncia, a Arte da Cura Divina. Somos uma centelha divina de amor em busca de um caminho harmonioso de aprendizado e evolução em um processo de espiritualização e compreensão da nossa missão. Siga o caminho que nos leva à felicidade. Conheça o Reiki na sua profundidade. Estamos juntos nessa jornada de luz. Seja um reikiano com amor e sabedoria.

Referências

BRASIL. Ministério da Saúde. Secretaria-Executiva. Secretaria de Atenção à Saúde. *Glossário temático: práticas integrativas e complementares em saúde*. Secretaria de Atenção à Saúde. Brasília: Ministério da Saúde, 2018.

DE'CARLI, Johnny. Reiki - *Apostilas oficiais*. São Paulo: Madras, 2011a.

_____. *Sistema tradicional japonês*. São Paulo: Madras, 2011b.

_____. *Reiki Universal*. São Paulo: Butterfly, 2014.

HIROSHI, Doi. *Gendai Reiki Ho: El espíritu de Usui Sensei y la verdad sobre el Reiki Tradicional*. Madri: Reikiavik Ediciones, 2015.

MAGALHÃES, João. *Reiki, meditação e consciência*. Amadora, Portugal: Nascente, 2019.

PETTER, Frank Arjava. *Isto é Reiki: das origens tradicionais japonesas ao uso prático: cura para o corpo, a mente e o espírito*. São Paulo: Pensamento, 2013.

Capítulo 21

Terapia EMDR: modelo e técnica

Rogério Fortunato da Rocha

O EMDR trabalha com a hipótese de que a maioria das psicopatologias ocorre em decorrência de experiências remotas armazenadas em estado-dependente. *Memórias congeladas* podem ser acessadas e transformadas. O EMDR revela a dimensão de sua prática e alcance da terapia. Resultado da experimentação, de estudos e pesquisas, a terapia EMDR é uma realidade.

Rogério Fortunato da Rocha

Psicólogo, doutorando em Psicologia pela UCES, Argentina. Possui mestrado em Saúde Coletiva pela Faculdade de Medicina da UNESP. Pós-graduação em Saúde Pública e em EAD - Educação a Distância, pela Universidade Federal Fluminense. É professor orientador de pós-graduação na Fio Cruz (Fundação Oswaldo Cruz), em cursos voltados à saúde coletiva. Psicanalista, ainda possui especialidade em hipnose e terapia EMDR (dessensibilização e reprocessamento por meio do movimento ocular), com ênfase em traumas. Reconhecido pela Associação de EMDR Brasil. Faz atendimentos a adolescentes, adultos e casais.

Contatos
rogeriofortunato.psc.com.br
psicologorogerio@yahoo.com.br
(11) 99739-7626

Não há muito tempo, deparei-me como uma nova abordagem para se tratar o sofrimento humano: EMDR (dessensibilização e reprocessamento mental por meio dos movimentos oculares). Essa descoberta abriu-me um novo panorama que eu, até então, não tinha sobre a possibilidade de cura.

A prática clínica é um campo imenso de possibilidades e de descobertas. Ao longo da história, sempre houve uma busca por intervenções psicoterápicas que fossem mais adequadas a diferentes quadros clínicos patológicos.

Essas tentativas, que tradicionalmente se constituíam em processos individuais e solitários, contavam quase que exclusivamente com a experiência profissional do terapeuta. Elas eram apoiadas em predileções e alinhamento a determinadas estratégias clínicas. Esse quadro vem sendo ao longo do tempo modificado por um interesse amplo de cientistas de diversas áreas.

O que antes era um esforço particular agora se tornou um movimento estruturado a favor de uma psicologia baseada em evidências.

Da prática clínica à prática de pesquisa

A curiosidade criteriosa foi o que me levou a conhecer essa nova prática. E nessa nova abordagem falamos em cura! Nela, utilizamos método diferente de abordagem do sofrimento. O que para minha pragmática prática foi de um espanto maior verificar que se obtêm resultados definitivos em tempo reduzido.

Como psicólogo, a minha prática profissional teve, também, como formação o estudo e treinamento psicanalítico. E no campo da psicanálise é quase uma blasfêmia a ideia de cura. Soa como contradição, ao pensarmos que nossa clientela, quando busca por um profissional, deseja livrar-se de um mal que padece. Mas o fato é que a cura não é um conceito confortável para a psicanálise, se não for impossível. Pois para a psicanálise não há desenvolvimento psíquico sem trauma. Aqui, ele é o acontecimento que permitirá a construção e desenvolvimento futuro da psique humana.

Entretanto, os relatos sobre a terapia EMDR, referente à sua resolutividade, de sua eficácia, veio ao encontro do que eu procurava. Também, o curto espaço de tempo para obter-se remissão de sintomas fez com que eu me voltasse para seu estudo. Foi a partir da leitura do livro *Cura emocional em velocidade máxima*, de David Grant (2013), que me animei a fazer uma formação especializada, depois outra e outras. Hoje, ela é imprescindível em meus atendimentos.

Há muitas desconfianças e resistências quando nos deparamos com novas propostas de tratamento. Relatos de profissionais que utilizam o EMDR amiúde mencionam essa particularidade: desconfiança, espanto e satisfação em seu manejo.

É de fácil compreensão. Pensemos que para quem já possui uma linha de pensamento, a qual norteia o trabalho clínico, fica mais difícil *sair de seu quadrado*, como se diz. Há nesse enredo uma ligação rica de aspectos afetivo-emocionais, quase nunca mencionados.

O EMDR é uma abordagem nova e alguns a utilizam como recurso único em seus atendimentos, como linha de tratamento, e se nomeiam "emedeístas". Entretanto, outros o veem como um instrumento ou estratégia que pode ser utilizado ou não durante um processo de tratamento. Eu me alinho a essa compreensão última, nomeando-me psicólogo clínico; com uma base de treinamento nos ensinamentos psicanalíticos, recorro a outras estratégias quando for oportuno. Penso que dessa maneira meu trabalho fique mais enriquecido.

O EMDR compreende um funcionamento psíquico e possui conceitos articulados com a prática. Farei algumas observações desse percurso, lembrando que por se tratar de uma teoria relativamente nova, com muito a desenvolver-se, alguns pontos, naturalmente, só serão mencionados de passagem.

EMDR e convergências teóricas

As convergências teóricas do EMDR são expressas de modo muito claro por sua criadora (Shapiro, 2001). Sua teoria se posiciona compatível com a maioria das modalidades psicológicas. A importância das memórias de infância remotas se encaixa perfeitamente no modelo psicodinâmico de Freud, afirma a autora. De modo semelhante, a teoria mantém concordância com os achados sobre a mente: estrutura e funcionalidades, mais especificamente, sobre estudos da percepção.

Afirma a autora que "existe um suporte teórico e de pesquisas em muitas áreas científicas relacionadas", como por exemplo: estudos de TEPT, relatos de casos no campo bioquímico, psicoterapias de orientação psicodinâmica, cognitiva e comportamental. Um enorme leque de conhecimentos vem mantendo a abordagem EMDR atualizada no campo científico (Shapiro, 2001, p.56).

O EMDR, desse modo, integra teorias psicológicas: cognitiva, humanística, sistêmica, psicodinâmica e somática; psicoterapias baseadas no corpo: cognitivo-comportamental, interpessoal; centradas na pessoa e psicodinâmica. Ainda, elementos teóricos como afeto, apego, conduta e processamento bio-informacional. Por meio de um conjunto padronizado de procedimentos e protocolos clínicos. Além disso, pesquisas sobre como o cérebro processa a informação e gera consciência vêm incrementar a evolução da teoria e dos procedimentos do EMDR.

Iremos encontrar, nessa prática, colegas de diferentes abordagens, como: os junguianos, os gestalt-terapeutas, os humanistas rogerianos; psicoterapeutas corporais, que seguem Reich ou outros; os que seguem abordagem psicanalítica e os que seguem a linha cognitiva-comportamental ou TCC.

Características exclusivas do EMDR são os passos inerentes ao procedimento utilizado para acessar e processar as informações da mente, dos fatos (traumas) que queremos mudar. Também, é bem curioso o modo de incorporar a estimulação sensorial (cheiro, sensação corporal e o som) nos procedimentos e protocolos de tratamento. Assim, juntando tudo: fatos; espaço e lugares; cheiros; sensações no corpo e sentimentos para chegarmos ao objetivo: que é criar estados de equilíbrio ou de atenção dual (um pé no presente e outro no passado) para facilitar o processamento das informações e alcançar à cura.

O afeto e as sensações são primordiais na condução do tratamento. Pois o dolorido não está no discurso que conta, que fala sobre as emoções, que discorre sobre um evento que é dolorido. Dor é sensação, e é ela que se manifesta de modo desagradável.

Os efeitos de tratamento esperado com o reprocessamento se baseiam na capacidade de tomar como alvo – acessando o material disfuncional numa tríade: imagem, cognição negativa e sensações identificadas ao evento (Shapiro, 2001, p. 126).

As emoções tornam-se *links*, ligando-se a outras emoções de experiências distintas, tanto a fatos correlatos como diferentes entre si, mas mantêm um elo em comum, que é a sensação de desconforto. De modo semelhante, a sensação física poderá ser o fio de condução numa sequência associativa, ao cabo de se materializar em uma imagem carregada de sofrimento (Shapiro, 2001, p. 117).

Desprenda-se

Nessas memórias, o processo de dessensibilização empreendido, que antes era carregado de sensação negativa, perde sua intensidade. Torna-se memórias neutras, não em importância, mas em disfuncionalidade. Demonstrando modificações importantes de seus conteúdos.

Relatos de pacientes retratam mudanças nas imagens quanto à qualidade, por exemplo: se apresentam mais próximas ou distantes, maiores ou menores; tornam-se desfocadas. Aspectos inerentes como "perspectiva ou expansão de uma cena para incluir novos detalhes". Muitas vezes, essa inclusão de elementos (aspectos, objetos, fatos ou pessoas) levam os pacientes a se perguntarem, admirados: "Como pude deixar de lado esse acontecimento?", "Como não se lembrar disso?" (Shapiro, 2001, p. 119).

As mudanças nas cognições seguem, também, para uma dimensão mais adequada, a partir de novos *insights*. O papel das emoções, como já comentado, é capital nas modificações dos quadros. Os teores sensoriais, como os sons e as sensações físicas, refletem essas alterações e completam um tratamento bem-sucedido.

Periódicos internacionais apontam que há um crescente aumento em investigações com a abordagem EMDR e órgãos internacionais já o colocam como abordagem de primeira escolha para o tratamento do TEPT (Brunnet, Silva; Soares et al., 2014).

A mente interpreta como verdade o que vê

O EMDR utiliza em seu trabalho o Modelo do Processamento Acelerado de Informações como referência de hipótese neurofisiológica. Esse modelo propõe a existência de um sistema fisiológico inato para uma resolução adaptativa e uma integração psicológica saudável.

Um trauma influencia o sistema de processamento de informações. Dito de outra forma, as informações recebidas e processadas pela percepção podem ficar registradas/armazenadas de um modo negativo, disfuncional.

À medida que essas memórias são trabalhadas, as informações perceptivas (imagens sensações e crenças) modificam-se, passando de disfuncional para funcional. As negativas tornam-se mais difusas enquanto que as positivas ficam mais vividas. Isso resulta em uma generalização dos efeitos positivos no campo da psique do indivíduo. O processo operado nas imagens está de acordo com as leis da Gestalt.

Quando falamos de informações armazenadas, estamos reconhecendo a modalidade do inconsciente. E os cientistas estimam que 95% dos nossos processos cognitivos são inconscientes, ou seja, operados sem o nosso controle racional. Só nos sobra o restante para gerenciar.

Mas o importante é saber que podemos gerenciar nossa vida mental de melhor forma e mudar para melhor. Com a aplicação de EMDR, vemos isso a cada atendimento.

Protocolo de atendimento

Um foco (*targeting*): a imagem, as cognições negativas e positivas, as emoções e as sensações físicas, que se sucedem diante de uma lembrança perturbadora ou de eventos atuais, que causam sofrimento psíquico, são os componentes básicos no processo de tratamento, tal como enunciado por Shapiro (2001). Completando esse rol, consideram-se escalas de atribuição emocional e cognitiva: as escalas SUD (Subjective Units of Disturbance – Unidades Subjetivas de Pertubação) e VOC (Validity of Cognition – Validade da Cognição).

Assim, a relação de passado, presente e futuro que, via de regra, constitui-se o quadro do processo de tratamento que se dá em oito fases.

Hoje, a dimensão da prática ou o alcance que o EMDR permite está muito enriquecido. Já lançamos mão de protocolos para transtornos ou patologias diversas, que é resultado da experimentação, de estudos e pesquisas.

A primeira fase: a anamnese e o planejamento de um plano de tratamento. Momento para identificar possíveis alvos para processamento EMDR.

A fase 2 visa a preparação para o tratamento. Aqui é dada ênfase à aliança terapêutica, esclarecimentos sobre como se dá o processo e dos efeitos recorrentes ao processamento de EMDR, durante e após as sessões. Ainda, de modo imprescindível, são os procedimentos de segurança para manutenção do equilíbrio do estado emocional.

Na avaliação (fase 3), identificam-se os componentes do alvo: uma imagem que represente a memória do evento traumático ou situação que lhe traga sofrimento. Solicita-se que forneça uma ideia (cognição) negativa que expresse uma autoavaliação relacionada ao evento e, depois, uma que lhe seja positiva, que substituirá a negativa no curso do reprocessamento.

As fases seguintes tratam-se da reprogramação do material propriamente e de instalação de crenças positivas no lugar das negativas. Uma avaliação emocional e física complementa o trabalho.

A duração do tratamento com EMDR segue, de modo geral, os mesmos princípios básicos de qualquer outro tipo de terapia.

Irá definir o seu término o entendimento de que os objetivos foram alcançados. Seguindo a aplicação das oito fases do protocolo padrão, o tratamento pode variar de algumas sessões a um período mais longo de meses. O ritmo de trabalho e a gravidade do transtorno, entre outros fatores, estarão sempre presentes nas características pessoais de cada paciente.

O EMDR trabalha com a hipótese de que a maioria das psicopatologias ocorre em decorrência de experiências remotas armazenadas em estado-dependente. *Memórias congeladas* podem ser acessadas e transformadas. Trabalhar com memórias e reprocessá-las se constitui um processo que leva em conta a percepção.

A finalidade da abordagem com EMDR é a resolução de perturbações psíquicas. Desse modo, o caminho percorrido até aqui está em consonância com os novos achados da ciência.

Referências

BRUNNET, Alice Einloft; SILVA, Thiago Loreto; SOARES, Tárcio; GUIMARÃES, Eduardo Reuwsaat; PIZZINATO, Adolfo. *Dessensibilização e reprocessamento por movimentos oculares (EMDR) para transtorno de estresse pós-traumático: uma revisão sistemática*. Revista Interinstitucional de Psicologia, 7(1), 119-131, 2014.

GRANT, David. *Cura emocional em velocidade máxima*. Traumaclinic Edições, 2013.

SHAPIRO, F. *EMDR, dessensibilização e reprocessamento através de movimentos oculares - princípios básicos, protocolos e procedimentos*. Rio de Janeiro, Nova Temática, 2001.

Capítulo 22

Uma mente mais aberta

Sandra Silva

Caro leitor, eu poderia lhe dizer: dispa-se agora de tudo aquilo que você internalizou de forma automatizada sobre o tema terapia. Mas essa decisão só cabe a você. Sendo assim, convido-o a se tornar um agente transformador de sua realidade, por meio da expansão da consciência que o abandono das crenças limitantes promove, desmistificando conceitos que persistem em encaixotar nossas mentes.

Sandra Silva

Terapeuta Holística e escritora, pós-graduanda em psicologia e saúde mental, especialização em psicopedagogia (2017) e graduada em pedagogia (2013). As formações em Hipnoterapia Ericksoniana, Regressão & Vidas Passadas, Reiki níveis I, II e III complementam a minha linha terapêutica que consiste em assistir a pessoa humana em sua busca pelo autoconhecimento e autocura, por meio da ampliação da consciência sobre si. Sou autora do livro sobre autoconhecimento em uma visão espiritualista universalista "Ramatís - Essência e Autoencontro" pela editora Autografia. Atuo como Terapeuta e Psicopedagoga Holística, credenciada pela ABRATH Associação Brasileira de Terapeutas Holísticos – CRTH-BR 4676, atendendo em um espaço terapêutico.

Contatos
sandrasilvaterapeuta.com.br
Instagram: terapeuta.sandra.silva
contato@sandrasilvaterapeuta.com.br
(11) 97972-2288

Sandra Silva

A capacidade humana em adquirir conhecimento é infinita. Na pessoa consciente, esse "copo" nunca estará cheio, pois há um movimento contínuo de informações em nossa mente: assimilação de uma nova experiência, a acomodação com a adequação ao novo e a ressignificação ou autorregulagem de tudo o que foi absorvido como conhecimento (Piaget). Considerando a maneira de como nosso cérebro apreende o conhecimento, como teria sido a trajetória humana na história sem a descoberta do fogo ou a invenção da roda? Estamos num movimento progressivo de evolução natural e, para manter esse fluxo, é imprescindível que o intelecto, a mente consciente, apresente-se sempre receptivo, fértil para o novo, para que o copo nunca se encontre cheio, fechando assim as portas para o que venha depois.

Desconstruindo a herança maldita

A cada passo dado na caminhada evolutiva da raça humana, o trajeto esteve permeado com indagações, ideias e contribuições – nas mais diversas áreas – que impulsionaram conquistas e realizações dentro de um contexto histórico.

Originalmente os gregos, por exemplo, escreveram sua história com conhecimentos avançados de agricultura, arquitetura, filosofia e arte. Nas filosofias de Platão (437-347 a.C) e Aristóteles (384-322 a.C), ambos iniciaram uma especulação do homem e sua interioridade. Platão concebia a existência da alma: "O corpo desaparecerá, mas a alma estará livre para habitar outro corpo". O pensador Aristóteles afirmava que a *psyché* era a gênese da vida, todo o ser vivo possuía uma alma.

Consequentemente, o pensamento filosófico acerca do psiquismo humano percorre a Idade Média no Império Romano com Santo Agostinho (354-430 d.C), que acreditava ser a alma o elo de ligação do homem com Deus. Até chegar à filosofia moderna de René Descartes (1596-1659), considerando que "o homem possui uma substância material e outra pensante, e que o corpo, desprovido do espírito, não é nada senão uma máquina". Nesse contexto, vimos que o conceito holístico sempre permeou os estudos da Filosofia sobre a

Desprenda-se

psique humana, considerando que a constituição do homem se dá por meio da tríade mente-corpo-espírito.

Prosseguindo para a época moderna da pós-industrialização, a ciência da mente avança progressivamente com tendências a compará-la a uma máquina, a Psicologia moderna se liberta da Filosofia, dissociando a concepção de alma.

A psicanálise de Freud traçou um paralelo entre o grau de normalidade de um indivíduo e suas patologias mentais, aproximando a Psicologia da Psiquiatria. Vale lembrar que as linhas terapêuticas dessas ciências são bem definidas: a Psicologia é promotora da saúde e do bem-estar emocional da pessoa humana ou de um grupo, enquanto que a Psiquiatria cataloga saberes sobre as doenças que acometem a mente, sendo um de seus recursos terapêuticos o uso de medicamentos.

É exatamente nesse ponto que pretendo desconstruir o senso comum de que "terapia é para loucos". Efetivamente, toda a área de formação que envolve estudos científicos com seres humanos é respaldada por um código de ética profissional visando proteção, manutenção e respeito à vida do indivíduo e da comunidade, contudo, devido ao vasto conhecimento que alguns psicólogos e psiquiatras adquiriram sobre o psiquismo humano, esses mesmos, durante longo período da história da medicina brasileira, abusaram dos seus saberes promovendo não a saúde da coletividade, mas, sim, com suas práticas repressivas, o reforço do medo, da insegurança e da loucura, com o objetivo de exercer o poder sobre aqueles que necessitavam ser curados de suas mazelas.

Como se não bastasse o conjunto de atitudes desumanas, é fato que nos casos dos hospitais psiquiátricos do Brasil houve experimentos que fizeram de seus pacientes verdadeiras cobaias humanas. Todos que não se encaixavam dentro dos padrões estabelecidos pela "normalidade" eram retirados do convívio social e trancafiados nos manicômios (período sombrio muito bem retratado no filme *O bicho de sete cabeças*, de Laís Bodanzky). Foi um marco na história da Psiquiatria no Brasil, que inferiorizou, também, o trabalho dos psicólogos, disseminando a crença de que essa profissão só tratava de "loucos".

É preciso desconstruir essa herança cultural para abrir caminhos a reflexões fundamentadas sobre as diversas terapias e concepções holísticas que abordam uma visão integral do ser humano. Assim como estamos fazendo um retorno com a busca por uma alimentação menos industrializada e mais natural, com as hortas caseiras, por exemplo, a atualidade nos chama a revermos nossos conceitos.

Outra questão, também, muito mal entendida e assimilada preconceituosamente é a terapêutica da hipnose. "A hipnose existe desde a existência do homem", e há registros históricos sobre o assunto desde o século XXX a.C no Oriente que comprovam sua aplicação como ferramenta de cura.

Agora vejamos: pare por um instante e reveja como nos relacionamos com outras pessoas: comumente é muito prazeroso estarmos perto de pessoas alegres de bem com a vida, que têm sempre algo de bom a nos dizer, não é mesmo? E o que dizer das propagandas televisivas nos induzindo a consumir o tempo todo? E os profissionais da moda? São ou não são algumas pessoas influenciando um grupo enorme de outras pessoas? "Isso é hipnose... O homem influenciando outro homem".

Na verdade, a hipnose é um estado automatizado que permitimos o tempo todo. Ao realizarmos nossos afazeres do cotidiano no piloto automático, estamos hipnotizados. "Sempre que os pensamentos e sentimentos de outras pessoas nos afetam, estamos num estado sutil de hipnose". Ao ler um livro, ao fazermos o mesmo trajeto todo dia de casa para o trabalho e do trabalho para casa, estamos em estado hipnótico. Não é um comportamento nocivo, é um fenômeno natural no qual entramos e saímos todos os dias.

Ao considerarmos a hipnoterapia automaticamente, idealizamos uma pessoa hipnotizando a outra, "mas na realidade não há hipnose que não seja auto-hipnose". Um bom exemplo disso é quando alguém relevante em nossas vidas nos diz algo do tipo: "Nossa, como você está com um semblante horrível, com olheiras escuras, acho que a gripe pegou você". Então, passado algum tempo, começamos a nos sentir doentes. É o poder da autossugestão, ou seja, somente aceitamos aquilo que permitimos. Lembre-se: o poder da escolha está em nossas mãos, ou melhor, em nossas mentes.

Reconectar e ressignificar

A Nova Era clama a resgatarmos nas filosofias de Platão, Aristóteles e seus seguidores o entendimento, a visão – isenta de vínculos religiosos ou dogmas – do homem como ser integral: corpo-mente-espírito.

Ao longo dos anos, o nosso "todo" foi desfeito, dividido em partes, desconectando o fragmento essencial e primordial de conexão com o cosmo, pois somos seres do universo assim como toda a forma de manifestação da vida neste planeta.

Cortamos o elo que nos une à nossa essência divina e o preço dessa escolha, seja ela consciente ou inconsciente, tem sido alto demais. Estão aí as doenças, transtornos e síndromes que a humanidade vem experienciando como desafios e que lotam os consultórios, ambulatórios e hospitais pelo mundo. Todos esses desafios decorrem do abandono do Eu divino, da nossa alma.

Diante de tudo aquilo que aprisiona nossas mentes e que nos conduz a enxergar apenas o que queremos ver – é da natureza humana aceitar tudo pronto, deglutido, concluído, pois dessa maneira nos mantemos seguros e confortáveis em nosso estado permanente de inércia – disseminam o afastamento da nossa essência, promovendo atitudes de autonegligência para com nossa contraparte transcendental de uma maneira oculta, sem que percebamos. Os grandes mantenedores desse estado hipnótico da coletividade são a mídia, a religião e a política.

Estar disposto a percorrer o caminho do autoconhecimento significa fazer uso da coragem para abrir as portas dos porões da inconsciência, levando luz a nossas sombras, às nossas dificuldades interiores. E, também, conhecer, reconhecer ou aprimorar nossas habilidades, nossos dons, nosso propósito de vida. Ao primeiro passo ocorrerá uma limpeza interna para remover tudo aquilo que não serve mais, tudo aquilo que foi imposto, permitido e aceito em nosso mundo interior desde o nascimento.

Em um segundo momento, haverá a reintegração, a união das partes que formam o ser biopsicoenergético (corpo-mente-espírito) que somos, para então vivenciarmos o estado sublime da reconexão com o Todo universal: o autorresgate da consciência, da essência, do nosso mestre interior.

Encorajo você a mergulhar em si mesmo para resgatar o seu melhor. Traga, liberte o seu Eu divino das amarras das induções coletivas! Guie-o para a luz da cura e da renovação.

Com a pretensão de prosseguir fomentando a transformação interior, a dissolução das crenças que têm aprisionado mentes humanas, desafio você a considerar, assim como fizeram os ancestrais do Oriente, a terapêutica da Hipnose Ericksoniana como ponte para a autocura.

A proposta é usar os estados hipnóticos – auto-hipnose – como pontos-chave para a autotransformação a fim de que você se torne um agente que dará um novo significado para sua própria realidade, tomando posse do seu poder pessoal e assumindo o total controle da sua vida. Mas, antes, ainda é preciso desatar os últimos nós, os mitos que envolvem este tema:

1. *Durante o transe hipnótico você perde o controle sobre si mesmo:* no estado de relaxamento profundo você estará consciente 95% do tempo. Jamais fará algo que agrida sua moral. Lembre-se: somente aceitamos aquilo que permitimos internamente.
2. *A pessoa pode não retornar do transe, ficando enclausurada nele*: isso é impossível! O que pode acontecer é a pessoa adormecer, já que o transe é um estágio que antecede o sono e, em seguida, despertar de um gostoso cochilo.
3. *A hipnose prejudica a mente:* muito pelo contrário, revitaliza a sua energia vital, promove uma limpeza mental, organiza os pensamentos e emoções fortalecendo a pessoa a lutar pelos seus objetivos, ou seja, aquilo que deseja alcançar com a terapia.
4. *Nem todo mundo pode ser hipnotizado:* qualquer pessoa que possa dormir ou relaxar (obviamente todas podem) é passível de ser induzido ao transe hipnótico. Há aqueles que não são hipnotizáveis porque eles mesmos decidiram não se permitir experimentar o estado de relaxamento profundo.

Hipnose Clássica x Hipnose Naturalista ou Ericksoniana (BAUER)

A clássica é feita com a sugestão direta que leva a pessoa para um estado de transe. Muito difundida por hipnotizadores de palco para diversão, ou muito eficaz, também, nos procedimentos cirúrgicos e odontológicos. (BAUER).

Já a hipnose naturalista de Erickson a técnica é de indução indireta que faz o caminho inverso do sintoma. Exemplificando: caso a pessoa queira emagrecer é preciso saber o que ela come e o que ela deseja inconscientemente com o ganho permanente de peso. Utiliza a linguagem não verbal do cliente, aquilo que está oculto, ou seja, o foco não é o sintoma em si, mas o que está por trás dele.

A Hipnose Ericksoniana é uma abordagem feita sob medida - personalizada - para cada tipo de cliente, focada na solução do problema e baseada na utilização de tudo aquilo que o cliente traz consigo, inclusive a resistência à sua própria melhora. (BAUER).

Desprenda-se

O tratamento com a técnica de Erickson o levará a um estado interno de consciência ampliada, onde permanecerá acordado o tempo todo, experimentando sensações, sentimentos, imagens e regressões. Durante o transe, você vai se desligando das percepções externas, voltando sua atenção ao seu interior – relaxamento profundo. Assim, você conceberá novos aprendizados a respeito de si e passará a utilizar seu inconsciente para atingir os objetivos com o processo terapêutico.

Como funciona uma sessão de Hipnose Ericksoniana

Primeiramente, conversaremos sobre os aspectos relevantes da sua vida, incluindo a sua queixa principal, o motivo que o impulsionou a procurar o auxílio da terapia. Logo após, você se posicionará confortavelmente em uma poltrona, para iniciarmos o processo de indução ao relaxamento físico e mental com a técnica da meditação imaginativa. Em pouco tempo, estará em conexão com seu inconsciente, que se manifestará por meio de imagens sutis, porém relevantes, direcionando o percurso do tratamento terapêutico a uma ressignificação e cura. Já na primeira sessão, você sentirá os benefícios desse contato com o interior: uma maravilhosa sensação de bem-estar e paz, equilíbrio emocional e energético. Você sairá fortalecido para continuar com a busca por seus propósitos.

Questões que podem ser trabalhadas com a hipnose: medos, angústias, ansiedades, traumas, síndrome do pânico, pensamentos repetitivos, baixa autoestima, depressão, insegurança, transtorno de aprendizagem, luto, separação, rejeição e abandono e tudo aquilo que não faz bem.

O convite está feito, agora é com você!

Namastê

Referências

BAUER, Sofia. *Manual de Hipnoterapia Ericksoniana*. Rio de Janeiro: Wak Editora, 2018.

BOCK, Ana Mercês Bahia; FURTADO, Odair; TEIXEIRA, Maria de Lourdes Trassi. *Psicologias*. São Paulo: Editora Saraiva, 2008.

STONE, Joshua David. *Psicologia da alma – chaves para a ascensão*. São Paulo: Editora Pensamento.

Capítulo 23

Despertando seu poder interior

Tânia Rainha

Por meio de escolhas conscientes, deixamos de ser os passageiros para ser os condutores das nossas próprias vidas, como se a essência criativa estivesse nos guiando, se expressando e fluindo através de nós. Experimentando uma sensação de confiança no fluxo maior e uma profunda percepção de que tudo está se movendo. E que essa força energética maior e eu somos na verdade feitos do mesmo material de origem.

Tânia Rainha

Formada em Educação Física com especialização em Fisiologia Humana. Iniciou seu caminho espiritual por meio de terapias holísticas e alternativas como o Reiki Usui/Karuna/Magnificado/Estelar, Cura Cristalina e Florais Vibracionais. Pratica ioga e meditação desde muito cedo. É uma das instrutoras pioneiras no Brasil do Thetahealing® com formação Master & Science pelo THinK – EUA. Palestrante motivacional, disponibiliza vídeos no YouTube para autoajuda e autocura.

Contatos
www.conexaotheta.com
contato@conexaotheta.com
Instagram: conexao.theta
Facebook: Conexão Theta
YouTube: Conexão Theta
(19) 99655-1100

Por que se contentar com menos do que a vida que você imaginou para si mesmo?

O único obstáculo entre você e viver a vida que imagina para si mesmo é a sua mente. Se você se vê vivendo uma vida que é apenas uma sombra do que sonha, então a hora de mudar é agora.

Todos nós temos sonhos, esperanças e aspirações, mas a maioria é deixada nos limites de nossas mentes, atuando apenas como realidades aparentemente inatingíveis que são agradáveis de se pensar a fim de escaparmos da realidade diária em que nos encontramos.

Tendemos a refletir mais e mais sobre nosso passado e sobre as coisas que conseguimos realizar ou vivenciar. Essa autorreflexão pode levar a uma grande tristeza e depressão se olharmos para trás e vermos com pesar que não perseguimos nossos sonhos, pode ser por causa do medo do desconhecido, ou nos arrependemos das coisas que fizemos, que nunca reagimos com ações e atitudes que poderiam desfazer as decisões arrependidas.

A mente, nossas crenças, emoções e estilo de vida desempenham um papel muito maior no nosso bem-estar do que tendemos a reconhecer.

As emoções são escolhas. Se estão desequilibradas, sentimos dor e sofrimento. Por mais duro que seja aceitar isso, nós é que escolhemos a angústia, nos identificamos com a dor emocional e simpatizamos com o sofrimento.

A cura está no pensamento. Você é quem escolhe se olhará para cima ou para baixo. Quanto mais se superar, mais forte ficará e muitos presentes da vida virão até você.

Por isso, vamos tomar cuidado com os nossos sentimentos, principalmente com aqueles que escondemos de nós mesmos. Quem esconde os sentimentos retarda o crescimento da alma. A vida gosta de evolução e movimento.

E qual a ligação corpo, mente e espírito?

Por meio de centenas de horas de sessões com clientes em terapias de cura, comecei a testemunhar como os corpos dos

Desprenda-se

clientes, depois de trabalhar crenças limitantes, sentimentos represados, apresentam maior consciência corporal, uma conexão mais forte consigo, uma mudança em padrões profundamente arraigados, um sistema nervoso mais regulado e um senso de domínio.

Ao aprender a linguagem mente-corpo dos sintomas e doenças, você pode aprender o que está sendo reprimido ou ignorado em sua psique e emoções, e o efeito que isso está tendo em seu corpo físico.

Além da tomada de consciência do corpo e dos sinais emitidos por ele, entendemos que as disfunções e dores das quais sofremos são, muitas vezes, impostas por nós mesmos sem que tenhamos plena consciência disso.

Seu corpo vai agradecer por você ouvi-lo, suas emoções serão liberadas livremente quando elas se sentirem bem-vindas e sua qualidade de vida aumentará.

O que essas terapias alternativas vêm nos mostrando é que já possuímos uma incalculável capacidade de autocura.

Nosso corpo é composto por mais do que apenas matéria. Sabe-se hoje em dia que sentimentos, emoções, crenças e programas influenciam a forma como nos comportamos e têm efeitos dramáticos sobre o bem-estar do corpo, até mesmo em nível celular. Porém, temos um programa que se autocura.

Somos um sofisticado sistema de captação e produção de energias vitais, e a mente canaliza e direciona essas energias, criando a atmosfera energética que a molda de acordo com nossas crenças.

Nosso corpo físico é a nossa única realidade perceptível. Por isso, tomar consciência do próprio corpo é ter acesso ao ser inteiro... pois corpo e espírito, psíquico e físico, e até força e fraqueza, representam não a dualidade do ser, mas sua unidade.

Devemos compreender que o corpo é maravilhoso, até mesmo mágico. Todas as partes do corpo, desde a menor célula até o maior órgão, vibram e ressoam entre si em belas vibrações. Quando há algo de errado com um órgão, ele envia sinais em dissonância aos outros.

Quantas pessoas sabem e têm a profunda compreensão de que tudo é composto por átomos e energia se movendo em intensidades vibratórias diferentes? Quantas dúvidas e crenças limitantes temos em nossa vida que não nos permitem acreditar em nada que não seja visível aos nossos olhos físicos?

A maior defesa e imunidade que temos é nos conhecer e saber que tudo – até mesmo as doenças – tem um propósito e um aprendizado.

> Quando você é inspirado por algum grande propósito, algum projeto extraordinário, todos os seus pensamentos quebram seus laços: sua mente transcende limitações, sua consciência se expande em todas as direções, e você se encontra em um mundo novo, grande e maravilhoso. Forças, faculdades e talentos adormecidos se tornam vivos, e você se descobre, de longe, como uma pessoa maior do que jamais sonhou ser.
> Patanjali

Como transcender as limitações da mente?

Dentro de toda pessoa há um pequeno universo idêntico à vastidão de Tudo Que É, a Força Criativa, a Fonte, Deus. Essa jornada interior nos conecta a nossos próprios átomos e nos traz a consciência do universo exterior de infinita energia e a percepção de que Deus está em todo átomo.

E quando entramos em sintonia com a Fonte de Energia Criadora, trazemos essa energia ao corpo e todas as células entram em harmonia com essa frequência mais pura e elevada, e o corpo se equilibra.

É seu direito de nascença usar essa energia de conexão com a Fonte Criadora de Tudo que É. Quando nos conectamos ao Criador de Tudo Que É, nossas ondas cerebrais automaticamente nos levam a um estado de mente Theta. O estado de mente Theta é obtido quando você conecta sua consciência ao Criador por meio de seu Chakra Coronário e comanda sua mente inconsciente a cocriar junto com o Criador para propósitos específicos.

Nesse estado de mente, você pode criar qualquer coisa e mudar a realidade imediatamente. Esse processo vai destrancar portas em sua mente para conectar os neurônios em seu cérebro de volta ao ponto da criação. O indivíduo tem a percepção de que está indo para fora de si mesmo, para fora no universo, para longas distâncias do cosmos por meio de um portal que leva para dentro da criação.

No momento da nossa formação intrauterina, as células usam as informações que já têm dentro de si, ou seja, as quatro memórias para formar uma nova estrutura celular. Essas memórias são: a memória da mente consciente, a que nós sabemos ter, a memória morfogenética, a memória histórica e a memória da alma.

Todos nós temos nas nossas células um código numérico Sagrado, e cada parte do nosso corpo, cada um dos nossos órgãos e cada

Desprenda-se

um dos sistemas do corpo humano sabem qual é a sua sequência numérica de perfeição e execução, e "constroem" um órgão para a sua expressão perfeita no corpo físico. Nas células ficam registradas as emoções e sentimentos criados e vividos anteriormente.

A sabedoria secreta de Deus está oculta em nós, as escrituras trazem respostas para nos lembrar que há muito mais acontecendo em nós e ao redor de nós do que podemos ver com nossos olhos físicos. A questão de quem você é, o que deve fazer, é "sabedoria que está escondida" até que esteja disposto a entendê-la. Para coletar essa informação, seu radar espiritual precisa ser clicado. Quando você estiver pronto, Deus pode revelar Sua sabedoria secreta sobre você para você... por meio do Seu Espírito.

É fácil entender que Deus, o Criador, criou nossos corpos físicos e que cada um de nós tem um nariz de formas diferentes ou impressões digitais distintas. No entanto, ao criá-lo, Ele também reuniu uma receita única de forças pessoais. Os elementos que compõem sua personalidade contribuem com uma parte significativa da sua unicidade.

Você é único! Esse é um princípio libertador. A necessidade cultural de mudar sua personalidade para se "encaixar" e ser como todo mundo é um mito – um que você não precisa mais comprar, porque você não deveria ser como as outras pessoas. Além disso, você não é obrigado a "preencher as lacunas" do que você percebe estar faltando partes de sua personalidade, não estou falando sobre as suas fraquezas, porque você foi criado com uma combinação especial de pontos fortes. Você não se encaixa em outro molde, nem precisa... nem deveria. Assim como você reverencia a beleza de um pôr do sol ou o milagre de um novo bebê como evidência da mão criativa de Deus, você também pode honrar sua singularidade como uma revelação de Sua obra. Comparar-se com os outros ou minimizar o valor de suas forças diminui sua individualidade – a expressão da criatividade do Criador em você.

Sua mistura única de personalidade revela a maneira pela qual você processa informações, como resolver problemas, gerenciar mudanças e enfrentar riscos, e como você realizará a sua obra em sua vida.

Eu não sei quantos de nós estamos conscientes das muitas crenças limitantes que temos, e quantas dessas crenças nos foram transmitidas desde o dia em que nascemos, por nossa família e amigos, nossos professores, colegas de trabalho, mídia e muitas das pessoas ao nosso redor. Suas crenças, suas limitações, suas percepções do mundo, do que era/é possível ou impossível foram transmitidas a nós, e permitimos que todas elas nos formassem e nos tornassem as pessoas que somos hoje. Com base em todas essas crenças, criamos nossa própria realidade, nosso próprio mundo; com base em todas essas crenças e limitações, criamos a vida que vivemos agora, não percebendo que muitas das crenças nem são nossas.

Sentimentos nunca antes sentidos podem ser muito desconcertantes. Mas sentir dor significa sentir-se humano. Permitindo-nos sentir que nos tornamos mais fortes, mais resilientes e melhor equipados para administrar outras adversidades. Aprendemos que quando enfrentamos nossa dor com aceitação, seremos levados por meio dela e depois dela. Essa compreensão estende nossas zonas de conforto. A sempre crescente cadeia de resultados positivos nos ensina a ter esperança e fé. Nós desejamos mais para nós mesmos, então nos sentimos dignos. Vivemos com intenção e nossa confiança aumenta. Temos orgulho de saber que temos o poder sobre a dor – a dor não detém o poder sobre nós.

Estamos jogando esses jogos mentais porque estamos convencidos de que somos a mente e precisamos nos definir com isso, mas não somos. E isso agora está mudando enquanto estamos despertando e removendo os véus. Se nossas escolhas, ações, pensamentos e sentimentos não estão vindo de um lugar de neutralidade, paz e amor incondicional, não estamos realmente sendo nós mesmos. Nós não nos tornaremos totalmente iluminados ou seremos 100% pacíficos da noite para o dia também. É um processo de integração que requer o trabalho interno necessário para se sentir em paz e uno com tudo. Por meio de todas as nossas experiências, sempre temos a escolha de seguir em frente e as oportunidades para alcançar esse estado são mais aparentes agora do que nunca, já que estamos em um processo de limpeza e purificação em massa. Todo o velho que já não serve está vindo à tona para nos dirigir e deixar ir. Temos a opção de deixar ir, avançar e flutuar nas energias mais altas, ou resistir.

De alguma forma, todo o condicionamento passado e todas essas crenças e limitações nos afastaram de quem realmente éramos e de quem ainda estamos, debaixo de tudo, escondendo nossa verdadeira essência, escondendo quem realmente somos, de nós mesmos e daqueles que nos rodeiam. Existem algumas coisas na vida que não vale a pena guardar. Deixar ir as qualidades negativas que dominam o seu ego só levará a um maior senso de amor-próprio e felicidade. Nós nos apegamos a tantas coisas que nos causam dor, estresse e sofrimento – e, em vez de deixá-los todos irem, nos apegamos a eles. Nós nos ligamos à energia deles diariamente. Não é hora de reprogramar a nós mesmos e nossas vidas? Não é hora de mudar e desprender-se do velho? Estamos dispostos a deixar ir? A escolha é nossa! Quando escolhemos fazer a escolha, o mundo vai mudar. Nossas almas querem brilhar, florescer e dançar com o universo. Quando damos uma olhada no que nos impede de fazer isso, poderemos deixá-lo ir. Paz por deixar ir! À medida que a consciência se expande, o coração se abre e passamos a sentir mais amor pela vida e por tudo ao nosso redor. A vida é cheia de inúmeras bênçãos e possibilidades infinitas. Cada momento é uma lição de inspiração. Precisamos apenas estar presentes.

Para que haja uma mudança na sua experiência é necessária uma mudança na consciência... não podemos estar na mesma consciência que criou o problema para solucioná-lo.

Referências

HAY, Louise L. *Você pode curar a sua vida*. Hay House, 1984.

PERT, Candace. *Moléculas de emoção*. Prentice Hall, 1997.

STIBAL, Vianna. *ThetaHealing - uma das mais poderosas técnicas de cura energética do mundo*. Madras, 2016.

TRUMAN, Karol. *Os sentimentos enterrados vivos nunca morrem*. Brigham Distributing, 1991.